U0691349

中国人你要自信

林晨曦 ◎ 著

YES YOU CAN
CHINESE

经济日报出版社

图书在版编目（CIP）数据

中国人你要自信 / 林晨曦著 . -- 北京：经济日报
出版社，2021.12
  ISBN 978-7-5196-0999-3

  Ⅰ . ①中⋯ Ⅱ . ①林⋯ Ⅲ . ①中国经济－经济改革－
研究 Ⅳ . ① F12

  中国版本图书馆 CIP 数据核字（2021）第 251476 号

中国人你要自信

作　　者	林晨曦
责任编辑	黄芳芳
助理编辑	张　琦
责任校对	匡卫平
出版发行	经济日报出版社
地　　址	北京市西城区白纸坊东街 2 号 A 座综合楼 710（邮政编码：100054）
电　　话	010-63567684（总编室）
	010-63584556（财经编辑室）
	010-63567687（企业与企业家史编辑部）
	010-63567683（经济与管理学术编辑部）
	010-63538621　63567692（发行部）
网　　址	www.edpbook.com.cn
E－mail	edpbook@126.com
经　　销	全国新华书店
印　　刷	天津科创新彩印刷有限公司
开　　本	710mm×1000mm　1/16
印　　张	16.75
字　　数	240 千字
版　　次	2021 年 12 月第 1 版
印　　次	2022 年 7 月第 1 次印刷
书　　号	ISBN 978-7-5196-0999-3
定　　价	88.00 元

版权所有　盗版必究　印装有误　负责调换

2015 年，我看了一篇网络文章，提到著名经济学家张五常的一本书叫作《中国的经济制度》。于是，我就购买回来翻翻看。这本书是中英文的，是先用英文写的，作者自己翻译成中文出版的。我开始不怎么在意，看看之后发现还真的挺不错。特别是看到：

大约 2003 年，几位熟知中国的朋友向我投诉国家的多种不是。我回应："不要告诉我什么不对。我可以在一个星期内写一本厚厚的批评中国的书。然而，在有那么多的不利困境下，中国的高速增长持续了那么久，历史从来没有出现过……中国一定是做了非常对的事才产生了我们见到的经济奇迹。那是什么呢？这才是真正的问题。"（《中国的经济制度》，张五常 著，中信出版社。）

今天，中国已经成长为全球第二大经济体，制造业产值更是超过美国、日本和德国三国的总和。如此巨大的发展成就，绝对不是"这也不行，那也不行"（出自毛主席说过的一段话："让那些内外反动派在我们面前发抖吧，让他们去说我们这也不行那也不行吧，中国人民的不屈不挠的努力，必将稳步地达到自己的目的！"），尽管我们的经济社会发展还存在着很多这样和那样的问题。但是从最简单的逻辑看，一定是中国在这改革开放的 40 多年里，做得对的事情要远远超过做得不对或者做得不好的事情，否则不可能有这样的成就。

面对成就，固然不要妄自尊大，也没有必要妄自菲薄。

尽管我们的社会还有这里不足那里不够，尽管在不少领域比起西方发达国家还有相当的差距，但是只要我们在路上不停地能动地进步，我们总有赶上并超过的时候。因此，基于五千年文明形成的家国情怀，基于刻苦好学的民族精神，基于新中国成立以来尤其是改革开放以来不断积累的物质基础和不断创新的科技，我们要有也必须有足够的自信去给中华民族伟大复兴的进程添砖加瓦。

对一个拥有五千年文明的民族，为何要重提自信的问题？

有了自信才能使得他信，有了他信才能构建公信，才能构建人与人之间、团体与团体之间、地区与地区之间以及国家与国家之间的相互信任。很难相信，对自己都不自信的人，如何能够取得他人的信任，从而构建相互之间平等的伙伴关系？！当然，自信不是盲目的。盲目的自信那是妄自尊大，最终都将被现实所打碎。

数千年来中华民族都是自信的，只是到了近代因为故步自封导致的落后挨打，才使得自信逐渐消减。19 世纪中叶之后的 100 多年，在国际帝国主义最为巅峰的时代里，中华民族备受凌辱，国家和民族惨遭侵略与剥夺，人民惨遭屠戮与奴役：两次鸦片战争、中日甲午海战、八国联军侵华、日本全面侵华，几乎把中华民族推向了灭国亡族的深渊。伴随着这个悲惨的过程，是中华民族心理的巨大变化，由原先"天朝上国"的俯瞰心理转向了任人欺辱的仰望心态，从妄自尊大转向了极度自卑，中华民族自信心沉陷在深渊里，认为中国人就是不如外国人，外国的月亮比较圆，外国的空气比较甜……

1949 年 10 月 1 日，随着中华人民共和国的成立，中国人的自信开始逐渐回升，激发了巨大的建设国家的热情，抗美援朝、三反五反、一五建设、社会主义改造等都体现了中华民族自信的逐步恢复，战天斗地的豪情丝毫不减。

经过了外有堵截内无经验可循的曲折的建国后约 30 年的发展，在取得重大社会主义建设成就的同时，经济社会各方面的矛盾积累越来越大，最终迎来了伟大的十一届三中全会之改革开放。打开国门的中国人，一下子发现我们已经在世界经济发展中落后了一大截，心理发生了巨大的变化，自信心严重受挫。于是，悲观和自卑的心理影响了很多人。

……

1978 年之后的改革开放，中国社会在最为根本的哲学思想"实事求是"指引下，开始了中国特色社会主义道路的探索与不断发展和提高。经受了外部势力的和平演变、武装打压、输入性危机以及各种刁难，中国社会做到了聚精会神搞经济，做到了韬光养晦，做到了发展才是硬道理而坦然面对国际风云变幻。于是，中国社会在进入 2010 年之后，取得了巨大的成就，以至于今天的美国从全方位开始对中国进行遏制与围堵。

面对国际反华势力的各种遏制，我们的国家坚韧不拔、奋勇前进。尤其是经过了美国特朗普政府的贸易战与科技战，以及 COVID-19 的全球疫情防控中我们中国整个社会万众一心的抗疫与经济恢复发展，我们就会更加自信中国社会主义道路与制度的选择，更加自信中华民族伟大复兴的理论与文化。

今天，站在 21 世纪 20 年代的全新门槛上，站在中国共产党成立 100 周年的伟大成就上，站在实现中华民族全面脱贫的奋斗目标上，我们将会更加有自信、更加有力量，迎接中华民族伟大复兴的到来。

新中国成立后 70 多年尤其是近 40 多年以来，中国人从不自信到自信，把世界上人口最多、经济非常落后的农业国发展成为今天全世界第二大经济体、第一大贸易国、第一大制造业国家，是全中国人民勤勤恳恳努力奋斗出来的。如果要以简单的几个短语来概括中国改革开放所取得的巨大成就，我认为是以下几个：

真正的改革！

有序的推进！

强力的组织！

试验后推广！

修正后提高！

稳定中发展！

第一章　渐进改革与县域竞争

第二章　稳定金融

第三章　　统一市场

第四章　家国力量：不一样的信仰

第五章　改革在路上

第一章　渐进改革与县域竞争

中国经济社会发展的原始积累是怎样发生的？

改革开放之所以能够顺利地得以推进，一个重要的原因在于我们新中国成立后的 30 年里积累了大量的虽然现在看起来很落伍的东西，比如钢铁生产、水泥生产、煤炭与石油生产以及大量的纺织和日常生活用品的生产设备，最重要的是还有一批具有一定管理经验的厂长和技术人员以及产业工人。经济之所以出问题，可以被认为是经济发展的体制性问题。简单说就是生产关系阻碍了生产力的发展。也就是说，我们的改革开放具备了一些基本的物质条件，就差改革的东风吹来，解冻我们那些桎梏经济发展的体制性问题。

那么，新中国成立后 30 年的经济社会发展的积累成效怎么样呢？这个很重要，因为关系到我们前进的基础和改革的方向问题。所以，在这里必须予以详细的阐述。

原始积累，这个词似乎变成了一个贬义词，直接跟血腥的剥削和压迫密切相关。在马克思主义的词典里，原始积累被描述成"资本来到世间，从头到脚，每个毛孔都滴着血和肮脏的东西"。

确实，在整个资本主义的早期发展过程中，资本以其逐利性席卷着全世界，它通过在其国内剥夺农民的土地获取生产资料，通过使农民失地成为只能靠出卖劳动力成为工人而剥夺劳动力的剩余价值；在国外，通过武力侵占殖民地而掠夺殖民地的原材料获得生产资料，通过占有殖民地的市场获得产品销售的市场，从而实现其资本的本性：获利，最大限度地获利。

英国的"圈地运动"就是对农民土地的剥夺，也是最典型的原始积累。15世纪末，英国的毛纺织业已成为当时发展最快的生产部门，产品拥有广阔的国内外市场。毛纺织业的发展迅速扩大了对羊毛的需求，羊毛的价格上涨，养羊业成了最有利可图的生产部门。大地主和农场经营主除了把自己已有的耕地变成牧场外，还用暴力掠夺公有地和份地。他们拆毁和焚烧农舍和村庄，用栅栏和篱笆把大片土地圈起来变为牧场。这就是英国历史上最著名的"羊吃人"的"圈地运动"。与此同时，英国封建王朝又颁布种种血腥法律，用鞭打、烙印、监禁、割耳朵，甚至判处死刑等方法，禁止农民流浪，强迫他们成为雇佣劳动者，强制性地使他们接受雇佣劳动制度。

"圈地运动"最直接的结果就是资本家拥有了大量的土地，失地的农民变成了无产阶级，不得不为了生存到资本家的工厂里谋生而成为工人，被迫接受资本家对其剩余价值的剥削。

在原始积累过程中，新兴资产阶级和资产阶级化的封建贵族，还通过对殖民地人民和本国劳动人民的残酷掠夺，积累起大量的货币财富，其主要手段有：推行殖民制度，贩卖黑奴，进行商业战争，发行国家公债，建立现代税收制度和保护关税制度，等等。

资产阶级和资产阶级化的大地主们用侵略、征服、残杀、掠夺、奴役、占有与剥削等方式，实现了资本主义发展的第一桶金：原始积累。

那么，我们社会主义建设的第一桶金"原始积累"又是怎么来的？

前面提到，人类进入 20 世纪尤其是二战之后，大量的原先殖民地国家通过斗争获得了民族独立并建国。但这些新建立的国家都必须面对经济社会发展的问题，经济发展需要什么？需要土地、需要生产资料、需要劳动力、需要市场、需要制度……需要的东西很多很多，但最重要的是需要资本！

经济发展的基本需要是人、财、物三大元素。人，国家民族独立了，人口不成问题，就是素质高低的问题，通过时间也能够解决；物，各个国家的自然资源不太相同，基本上能够找到一定的比较优势，从理论上看也是能够解决的，不足的部分可以通过比较优势与外国进行贸易获得；财，成了最大的问题。

财，也就是资本，是经济发展三大元素中的短板问题。

新独立建国的国家，普遍是备受殖民者掠夺和剥削的国家，国内财力十分薄弱。那它们要怎样有"财"呢？办法有两种：

①依附于原先的宗主国：这个比较好理解。西方殖民者在全世界各

地进行殖民统治的同时，基本上在当地扶持一个为他们殖民利益服务的群体，这个群体多由当地的贵族、商人和官员组成。那么这些群体在殖民者被迫离开之后，就成了这个新独立国家的管理者，他们和原先宗主国之间有着千丝万缕的经济和政治关系；而原先的殖民者宗主国虽然不能直接统治这个国家，但还是想通过这些管理者实现对这个国家经济和政治的间接掌控，于是两者之间产生了直接的利益勾连，使得新独立起来的国家严重依附于原先的宗主国，它们的经济命脉甚至是政治都掌握在别国的手里。有大量的非洲国家就是处于这种局面。印度、菲律宾等南亚东南亚国家也是具有依附性的国家。南美的很多国家，虽然不是直接的依附，但因为美国对美洲尤其是南美洲的"后院"思维，导致南美很多国家实质上是依附性很强的经济。东欧的很多国家在战后也或多或少依附于苏联而发展，具有鲜明的计划经济特征。因此，即便是政治上貌似独立了，但经济上的依附最终使它们仍然无法实现真正意义上的政治独立。

②独立发展自己的经济：除了依附于某些国家或国家集团发展外，就是独立发展经济的国家。但要说纯粹的独立发展，那也是不存在的。我们今天说我们是独立发展的也不正确，虽然我们一直强调要独立自主、艰苦奋斗。但在独立自主的同时，20世纪50年代中国经济的发展，很大程度上是依附于苏联的；到了60年代，中苏关系破裂之后中国经济的发展是独立自主的，这个时期最重要的表现是"两弹一星"的研发和成功；到了70年代，中国经济的发展开始了另一个思路，就是有限利用外部资源，开始了与西方世界的接触；到了80年代，中国经济发展

的明显特征是自力更生的同时，不断加深对外部世界尤其是西方世界的依附。在全球化的今天，中国经济依然在一定程度上对西方市场和技术有依附，但同时也处于对西方依附尤其是技术依附的摆脱过程，因为我们是一个巨量市场的国家，尤其是关系国家未来发展的技术领域，绝对依附不得，必须把发展的命运掌握在自己手里。独立发展自己的经济，真的不是容易的事情，因为现在全球化环境里，外部的竞争太激烈，国家太小的话根本就不可能获得独立发展的机会。

对于新中国而言，怎样获得经济发展至关重要的"财"呢？没有殖民地可以掠夺，没有了可能的"圈地运动"（土改是分地，而不是圈地，这是我们国家的性质决定的，也是几千年来百姓最朴素的思想：耕者有其田），"财"从何而来呢？

外部掠夺不可能！

内部圈地不可能！

像资本主义早期那样血腥剥削不可能也不允许这样！

那还能怎样？

中国的办法就是在新民主主义向社会主义的过渡时期，通过没收官僚资本、帝国主义在中国的资本、地主阶级的资本，通过对农业、手工业和资本主义工商业进行社会主义改造，并借助苏联的外部援助，实现了新中国经济社会建设的第一桶金，也就是中国经济社会发展的"原始积累"。

过渡时期是指从中华人民共和国成立，到社会主义改造基本完成的时期（1949—1956）。这个时期提出了"党在过渡时期的总路线和总任务，是要在十年到十五年或者更多一些时间内，基本上完成国家工业化和对农业、手工业、资本主义工商业的社会主义改造"。总路线的实质是解决生产资料所有制问题。一方面，是社会主义公有制的扩大，即国营企业的新建、扩建；另一方面，是把个体、小私有制改造成为社会主义集体所有制，把资本主义私有制改造成为社会主义全民所有制。

这条总路线的全面实行，开始于 1953 年。原定 15 年左右完成社会主义改造，实际上只花了 4 年多时间，就基本完成了。在社会主义改造后期，虽然出现了要求过急、工作过粗、改造过快、形式过于简单划一等偏差，但总的看来，在这条总路线的指引下，占世界人口 1/4 的中国人民，基本上建立起崭新的社会主义制度，是一次很大的历史变革。

这个时期分成两个部分，即新中国成立初年的经济恢复和"一五计划"的社会主义改造。

1. 新中国成立初期的经济恢复与发展：全面的土地改革激发农民生产积极性，稳定和保障农业特别是粮食生产使得中国这样的一个落后的农业大国有一个稳定的大后方，不至于产生社会动荡；在稳定大后方农业农村的同时，开始了利用资本主义发展社会主义的进程。

①土地改革："耕者有其田"是中国这个几千年的农业大国平民百姓的最大愿望。正是因为土地改革，"以农村包围城市"的中国特色的革命路线才得以生存和发展，并最终取得新民主主义革命的胜利。因此，解放前的解放区和解放后的全中国都普遍快速地进行了土地改革，一改实行了几千年的土地私有制，成为土地集体所有制和国有制，从而释放出广大中国农民的积极性，保障了粮食生产，也就保障了生存的问题。

粮食生产的保障也相应地保障了跟农业有关的加工业和制造业的生存与发展，从而实现了整个国家从农村到城市的基本稳定。

②没收官僚资本和帝国主义资本：没收官僚资本是新中国成立后对官僚资本采取的措施，即将其接收过来，变成社会主义性质的国营经济。官僚资本是旧中国最腐朽最反动的生产关系之一，严重阻碍生产力的发展，是革命的对象。解放前官僚资本约占全国工业资本的2/3，占全国工矿、交通运输业固定资产的80%，将其没收并改造后，变成全民所有制的社会主义公有制经济的重要部分。到1952年年底，国家先后没收了部分官僚资本企业。此举奠定了社会主义经济基础，并为对农业、手工业和资本主义工商业的社会主义改造创造了条件。

③发展民族工商业和个体私营经济：新中国成立之前，国民党政府统治下的严重的通货膨胀使得主要工商业城市的物价飞涨，经济陷入了投机为主导的疯狂状态。新中国成立之后，通过"逆周期做多"的金融操纵，实现了货币的稳定。但撤除泡沫之后的经济出现了"供过于求"的局面，发生了商品滞销、工厂关门、商店歇业、职工失业增加等问题。

为了解决这些问题，1950年春夏之际，政府开始合理调整资本主义工商业，调整工作到1950年秋完成。合理调整的目的是调动资产阶级知识分子，特别是高级知识分子和技术、管理人员的积极性，并通过他们培养出更多的技术人员、管理人员和熟练工人，推动社会生产力的恢复和发展，加速国民经济恢复，并争取国家财政经济根本好转。

虽然新中国通过没收官僚资本和帝国主义资本建立了国有企业，但社会生产生活的各方面需求仍然供应不足，因此需要民族工商业作为重要组成部分，以满足整个社会的需求。简单地说就是要民族工商业更好地服务于新的国家建设，成为新中国经济社会建设的重要组成部分。这也是中国共产党一贯坚持的"团结一切可以团结的人"之"统一战线"的必然。

国家主要是通过对私营工业的加工订货和产品的统购包销等方式，把私营工业逐步纳入国家计划的轨道上来，逐步消灭私营工业生产的盲目性和无政府状态。商业上，适当地调整零售与批发之间、产区与销区之间、季节与季节之间、原料与成本之间的价格比例，使私营商业有利可图。通过改善公私关系、劳资关系和产销关系，允许私营工商业的存在，在社会主义国营经济的领导下，逐步把私营工商业纳入国家资本主义的轨道，把私营经济纳入计划经济的轨道。

2. 社会主义改造阶段的经济发展：经过新中国成立初期三年左右的社会经济恢复，到了 1953 年，中国经济社会建设在苏联的帮助下，制定了第一个"五年计划"，并根据当时国内外的实际情况，开始了社会主义改造的进程。

①农业的社会主义改造：亦即农业合作化运动。1953 年春，新中国土地改革基本完成（土地农民私有），获得土地的农民有着极大的生产积极性。但分散、脆弱的农业个体经济既不能满足工业发展对农产

品的需求，还会造成两极分化 [1] 的可能。于是，先后发布了《中共中央关于农业生产互助合作的决议》和《中共中央关于发展农业合作社的决议》，中国农村开始了互助合作运动，引导农民参加农业生产合作社（农民土地入股成为股东，土地则变成了集体所有），走集体化的社会主义道路。到 1956 年年底，农业的社会主义改造在经历了互助组、初级社、高级社三阶段后基本完成，全国加入合作社的农户达 96.3%。高级合作社和人民公社化，脱离了当时中国农村生产力发展的实际水平，加上高度集中的劳动方式和分配中的平均主义，影响了农民生产的积极性，农村经济的发展受到约束。这最终导致了严重的粮食生产问题和吃饭问题，成为改革的爆发点。

②手工业的社会主义改造：个体手工业是以私有制和个体劳动为基础、从事商品生产的一种个体经济，在中国国民经济中占有一定的地位。1952 年手工业产值占全国工业总产值的 21%，农村需要的生产资料和生活资料很大部分来自手工业。手工业的社会主义改造从 1953 年 11 月开始至 1956 年年底结束，经历了从手工业生产合作小组、手工业供销合作社，再发展为手工业生产合作社，全国 90% 以上的手工业者加入了合作社。这些合作社很多演变成为后来的社队企业，改革开放后演变成为

1　两极分化：原指在私有制商品经济条件下，不断从小商品生产者中产生少数脱离劳动的资本家和大量出卖劳动力的雇佣劳动者这样两个极端的趋势。小生产者的这种两极分化，在一定历史条件下，即在封建社会末期和资本主义社会，促进了资本主义生产关系的产生和发展，导致贫富悬殊。

乡镇企业和民营企业，成为中国改革开放中工业领域的先锋部队，是中国再次工业化的重要力量。

③资本主义工商业的社会主义改造：中国民族资本主义经济在社会主义过渡时期的经济建设中具有两面性，既有有利于国计民生的一面（保障市场供给，恢复国民经济），又有不利于国计民生的一面。于是，新中国政府对资本主义工商业采取利用、限制、改造的政策即对资产阶级采取"赎买政策"。在经过委托加工、计划订货、统购包销、委托经销代销等一系列从初级到高级的国家资本主义过渡形式后，1956年年底，实行公私合营的工业企业已占原有资本主义工业总户数和职工人数的99%，占生产总值的99.6%。全行业公私合营后，采用定息方式，即按照公私合营企业的私股股额（共23亿余元）每年发给资本家5%的股息，共发10年。这就使得私股与生产资料的使用权相分离，企业的生产资料由国家统一管理和运用。定息停付后，企业就完全成为全民所有制企业。随着资本主义工商业改造完成，资产阶级被消灭了。至此中国建立起社会主义的基本制度即生产资料公有制。

经过社会主义改造，1956年GDP达到1029亿元，国内经济成分构成发生了巨大变化，国有经济和合作制经济成分开始占主导地位，相比1952年，个体经济占比从71.8%下降到7.1%，资本主义经济从6.9%下降为0，公私合营从0.7%上升为7.3%，合作社经济从1.5%上升到53.49%，国营经济从19.1%上升到32.2%。

④"一五计划"与苏联156大项目援助：我们在谈社会主义改造的时候，还有一件十分重要的事情，那就是苏联156个大项目的援助。

这应该是人类历史上规模最大的、无偿的知识产权转让（请注意，这里说的是知识产权，而不是设备的无偿转让，设备通过向苏联贷款购买，需要还本付息），对新中国的第一次工业化起到至关重要的作用。第一次工业化基于国内外的环境以及国家的安全考虑，苏联援建的项目大多是重工业和军工性质的项目。对国家的国际安全起到重要作用，但因"财"（资本）有限，必然影响轻工业尤其是国计民生消费品产业的投资，从而为后续的发展埋下"头重脚轻"的隐患。

为何说是新中国的第一次工业化呢？因为在改革开放之后的20世纪80年代，才真正地在中国大地上实现了以纺织业为代表的第一次工业革命。

这一步，我们整整比英国的工业革命迟来了200年！

但它毕竟已经来了。

只要努力，什么时候都不迟！

上面阐述的是新中国经济社会发展的"原始积累"，主要通过农业、手工业和资本主义工商业的社会主义改造，通过没收官僚资本和帝国主义资本建立国有企业，通过苏联的援助获得了新中国的第一桶金。这是从横向的角度出发看到的。那么，纵向的角度是怎样进行"原始积累"的呢？

主要通过中国城乡"二元"社会的差别，进行工农业"价格剪刀差"来实现。什么是"价格剪刀差"呢？剪刀差是指工农业产品交换时，工业品价格高于价值，农产品价格低于价值所出现的差额。因用图表表示呈剪刀张开形态而得名。简单地说就是工农业产品价值的不等价交换。

如果价格背离价值的差额越来越大，叫扩大剪刀差；反之，叫缩小剪刀差。

这个概念偏学术性，我来通俗解说一下。

比如，农村的农民生产的粮食 1000 斤，其劳动付出和生产资料的折损合计应该值 1000 元（价值），但是在销售这 1000 斤粮食的时候，由于国家实行了统购统销，只能以 500 元（价格＜价值）的价格卖给国家。意思就是说，农民把粮食卖给国家的时候，损失了 500 元的价值，等于是国家获得了 500 元的剩余（为简单说明，不去考虑经营者利润以及计算运输、仓储以及销售等成本）。

同时，农民为了生产，需要从供销社购买 50 斤化肥。这 50 斤的化肥凝聚了工人的劳动和机器设备的折损，其价值是 100 元。但是国家实行对农民销售的价格是统一的 200 元（价格＞价值），于是农民为生产需要购进化肥多付出了 100 元价值，也等于国家获得了 100 元的剩余。

这就是工农业"价格剪刀差"。这个例子中，农民损失的剩余是 600 元，国家获得的剩余是 600 元。这个 600 元是在不等价的情况下因"统购统销"的计划经济价格体制强制决定而产生的。因工农业"价格剪刀差"而形成的"原始积累"，是以延缓农村发展为代价，促进新中国成立以来，很长时间里中国城市各项事业的发展。

有数据表明，1983—1986 年，因工农业产品"价格剪刀差"导致农业部门向工业部门转移的价值，总额始终在 270 亿元到 310 亿元之间，工农业产品"价格剪刀差"减去了农民的利益，是对农民的一种不公平的行为。从某种意义上讲，中国的经济发展在一定程度上是建立在牺牲农民利益的基础上的。

这些都是中国共产党作为一个革命党转变成为新中国经济社会建设的执政党，没有历史经验可循和外部压力下不成熟的表现，也是社会主义公有制在中国特殊国情下进行实践所付出的巨大代价。尽管代价巨大，但也相应地有了一些"原始积累"：

①农业的社会主义改造，从互助组、初级社到高级社，再到后面的人民公社，在刚开始实现了互助发展和激发社员的积极性过后，逐渐变成了生产大队中"出工不出力"的僵化体制中去，连带出现了生产资料尤其是设备无法得到维护和更新，最终累积了巨大的问题：吃饭。因为"民以食为天"而积累的情绪方面的"原始积累"，也最终促成了第二次土改：家庭联产承包责任制的实施。

②手工业的社会主义改造，从开始的合作小组、供销社和生产合作社，再到后面的社队企业，也因为类似农业生产大队那种"干多干少都一样"的分配制度，最终带来生产资料尤其是生产设备的老化和难以更新，从而陷入生产不足和质量低劣的困境，更因为"文化大革命"，使得社队企业基本处于停顿状态。但一二十年也积累了一些生产技术人才和产业工人，这些为改革开放之后乡镇企业的快速发展，提供了许多技术和设备的"原始积累"。

③资本主义工商业社会主义改造，形成了全民所有制的国营企业，因为分配，从工农业"价格剪刀差"获取的利益，并没有体现在城市生活水平的提高上，更多体现在国家的重工业尤其是军工的发展上，那是国家为了应对外部重大安全威胁所需要的。因此抑制了工农业生产中广

大劳动者的积极性。所以"效率低、没责任心、得过且过、混日子"等成为一二十年来国有企业的代名词。不过国有企业在很多地方占据着重要的地段和行业，也就为改革开放后持续的国有企业的合作、合资与改制提供了大量有价值的"原始积累"。

同时，国有企业在改革开放后受到乡镇企业的冲击、受到国外跨国企业的冲击而不得不面对的时候，开始了自身艰难而旷日持久的现代企业制度的改革，最终经过20世纪90年代的国企去包袱，大量员工下岗下海，21世纪初的国企现代企业制度改革等多轮次的改革开放，目前基本实现了在关系国计民生的诸如水、电、气、交通运输等和国家安全的军工、科技、航天等行业的国有企业现代企业制度的建立。当然，现在对国有企业的理解，不再是百分之百控制股权的，而是国有资本占据主导地位就算是国有控股企业。

④工农业"价格剪刀差"积累起来的"原始积累"为中国社会的经济建设贡献了大量的资本财富。但如果这方面的剪刀差不缩小，整个国家的均衡发展就无从谈起。因此2006年，中国政府宣布全面免除延续了两千多年的农业税，成为缩小工农业"价格剪刀差"的重要举措，成为"城市反哺农村"的开始，成为缩小城乡差别的开始。

中国乡村为国家发展已贡献太多，以致城乡差别越来越大；要实现整个社会的和谐发展，必须"城市反哺农村"，才能使得经济社会发展取得更多的平衡、稳定与和谐。

讲完中国经济社会发展的"原始积累"，下面来看看中国的改革是怎样推进的。

改革的利益在哪里：要改革啥呢？

历史上的改革，很多都以失败而告终。

失败的原因无外乎触动了太多利益集团的奶酪，受到利益集团的阻击而失败。很多王朝的改革，因为过于激进，直接导致王朝的覆灭。比如，秦朝、隋朝、后周都是极大地触及了统治阶级中那些既得利益者的利益，遭到反对导致失败。当然，也不全是，比如，秦朝过于"残暴苛政"，隋朝过于"好大喜功"，后周过于"着急收复幽云"。但他们都给后续的强汉、盛唐和繁宋带来了兴旺与发达，后续的王朝吸取了前朝失败的教训，对社会的改革实行渐进的方式进行，最终取得巨大的成就。

我们知道，利益是和权力并行的，称之为权利。当然权力也与责任相连。

一旦某种利益被激发，整个经济构成的链条也就开始了运转，即便开始的时候由于缺乏润滑有点艰涩，可一旦转动起来，它就会以更快的速度、更大的范围实现整个经济的带动：毕竟作为一个自然人，谁都想日子过得好一点，这就需要那些被权力限制的"潜在利益"被释放出来。

也正因为中国的改革开放起初不是为了触动既得利益者的利益，才使得改革从一开始就凝聚了全民的巨大共识得以顺利推进。而到了 1992 年邓小平南方谈话之前，社会里已经产生了一定数量的既得利益者，进一步的改革会受到这些既得利益者一定程度的阻碍。再到 21 世纪，全面深入的改革开放，就会受到更多的实力更强的既得利益集团的阻碍，改革进入了深水区，这考验着中国共产党作为执政党的改革勇气和执政能力。

那么这个"潜在利益"从哪里开始激发，才是一个好的开始？又以哪种方式才能够实现整个链条的持续运转呢？

答案就是：

"三农"开始，城市跟进；

试点试验，提炼推广；

自主发展，外动内活；

反哺农村，共同发展。

具体通过以下几种路径实现：

1."三农"：从家庭联产承包责任制开始，乡镇企业开出灿烂的花朵。

2. 城市：城市化与国有企业改制：承包制、股份制、混合制到现代企业制度的普遍建立。

3. 试点：从四大经济特区、沿海沿边开放城市、国家级新区、国际旅游岛、自贸区、示范区的有序推进。以点带面，实验修正，提高推广，是主要前进循环提升方向。

4. 自主：关系国计民生的行业必须自主、重要科技发展必须自主、能源资源必须自主。

5. 外动：抓住国际分工，实现利用外资和工业生产领域的全覆盖并做大做强，开展全球化的对外贸易与投资发展。

6. 内活：充分利用中国地域差别大、发展差别大和人口众多的特点，实现全国内部的工业转移和市场优势互补，实现国内经济发展的相对平衡。

7. 反哺："三农"为国家经济社会发展贡献至伟，反哺是初心也是为了均衡发展，为了从工业文明向生态文明转型。

8. 发展：世界大势虽有冲突和霸权不断，但同在一个星球上，人类命运共同体是我们处在这个星球的必然结果。独善其身是不可能的，需要合作共赢。

以上概括的八种方式，都是以渐进的方式去推进的，这符合中国儒家的中庸思想，符合中国人的性格，符合实事求是的哲学思想。历史必将证明，这才是脚踏实地的改革，才是能够实现真正改革的改革，才是为了绝大部分人获得潜在利益的改革。

渐进改革 1：农村改革

1978 年 11 月 24 日晚上，安徽凤阳小岗村的 18 位农民以"托孤"的方式，冒着极大的风险，立下生死状[1]，在土地承包责任书上按下了

1　安徽小岗村包干保证书内容：我们分田到户，每户户主签字盖章。如此后能干，每户保证完成每户全年上交的公粮，不在（应为"再"）向国家伸手要钱要粮。如不成，我们干部作（应为"坐"）牢杀头也干（应为"甘"）心，大家社员也保证把我们的孩子养活到 18 岁。在会上，队长严俊昌特别强调，"我们分田到户，瞒上不瞒下，不准向任何人透露"。

红手印，创造了"小岗精神"，拉开了中国改革开放的序幕，开启了中国农村"二次土改"（家庭联产承包责任制）的进程。

所谓"二次土改"是跟解放前后在解放区和全国全面进行的土地改革（第一次土改）区分开来。第一次土地改革使得世世代代不能实现的乡村理想"耕者有其田"的梦想得以实现，激发了新中国农民巨大的生产热情，逐渐解决了数千年来难以解决的吃饭问题。

1978年开始的"二次土改"并没有改变农村土地集体所有制的性质，而是实现了土地所有权和经营权的分离，从而重新激发了农民的生产热情。后来在20世纪90年代后期城市启动房地产市场化，创造性地解决了土地所有权国有、土地经营权以及使用权的分离，从而启动了波澜壮阔的城市房地产发展进程。

以毛泽东为代表的中国共产党之所以能够领导中国新民主主义革命走向胜利并建立新中国，最重要的原因是他们找到了解决中国近代积贫积弱的钥匙，提出了以农村包围城市的革命路线并坚决践行之。而新中国成立之后的土地改革，也延续了这条革命路线。改革开放选择农村进行先发，亦是这条革命路线的与时俱进。

解放前，中国是个落后的农业国家；解放后，中国是一个有了一些工业化基础的落后农业大国；改革开放前，中国虽然取得了巨大的社会主义建设成就，取得了作为一个有影响力大国标志的"两弹一星"等成就，但中国社会仍然是一个落后的农业大国。

因此，"三农"问题一直都是改革开放之后最重要的问题，在40多年的改革开放进程中，每年的"中央一号"文件中有22个是关于"三农"的，其中 1982—1986 年和 2004 年之后每年的"中央一号"文件都是关于"三农"的，可见党中央对"三农"问题的关注之多、解决力度之大。

40 多年前，始发于农村的改革为中国的发展注入强大的动力。

40 多年来，中国经济快速发展，变化翻天覆地。

40 多年中，"三农"（农民、农业、农村）事业为中国的发展提供了强有力的支撑。

40 多年间，千万农民创业创新，勇立潮头，走出来中国第一批乡镇企业家；更有亿万农民走进城市，为中国各项事业的建设提供源源不断的劳动力。

这期间，在大力发展和保障农业主业的同时，以下三个方面的历史性事项成为中国农村可持续发展的保障：

1. 取消农业税：2006 年取消农业税，对中国农民来说具有破天荒的意义。压在农民头顶的大山终于搬掉了，开始积极种地，再通过进城务工使收入大增。取消农业税实为中国社会主义建设中跨时代的大事件，绝对称得上是一个伟大的创举。

2. 新型农保医保全覆盖：医疗保险制度作为社会保障体系的重要组成部分，肩负着保障群众健康，稳定社会和国民收入再分配的作用，历来受到世界各国政府的重视。

从城乡居民收入水平来分析，城镇居民收入始终高于农村居民，并且有不断扩大的趋势。1978—1985 年 7 年间，城乡居民收入水平差距基本保持在 410 元左右。1985 年以后，城乡居民收入水平差距明显拉大，并且呈现不断加剧的倾向。并且由于中国实行城市福利制度，城镇居民享受大量隐性补贴，如住房、医疗福利、财政价格补贴等，造成实际收入差距更大。城乡居民收入差距在一定程度上是由于中国城乡二元结构的壁垒，尤其是工农业产品价格差别的影响造成的不合理结果。

同时，由于受经济条件的制约，在农村，"小病挨、大病拖、重病才往医院抬"的情况司空见惯，因病致困返贫现象严重，农村需住院而未住者达到41%；西部因病致贫者数量不在少数，"不敢生病""不能生病"成为农民的"镜中花，水中月"。70%的农村贫困户是因病导致的。农村社会保障始终处于中国社会保障体系的边缘，有相当部分社会保障的内容将整个农村人口排除在保障体系以外。

因此，从1990年开始，国家在广大农村地区稳步推进合作医疗保险制度，经过历次的修改和调整，到21世纪初，逐步建立了新农合（合作医疗）制度，标志着针对农村户籍人口的基本医疗保险制度正式建立。到2007年依据国务院《关于开展城镇居民基本医疗保险试点的指导意见》，中国各地开始了城镇居民基本医疗保险试点工作，覆盖城镇非就业人口。

而中国农村的经济发展水平仍然非常低下，多数农村居民收入水平偏低，承受风险能力弱，相对于城镇社会保险改革进度而言，农村社会保险仅局限于部分富裕地区试点阶段，家庭保障仍是农村社会保障的主体。

于是覆盖全民的社保开始不断地被提上了国家发展的重大议事日程，并被迅速执行和实施。根据中国共产党的十七大和十七届三中全会精神，国务院决定，从2009年起开展新型农村社会养老保险（以下简称"新农保"）试点。探索建立个人缴费、集体补助、政府补贴相结合的新农保制度，实行社会统筹与个人账户相结合，与家庭养老、土地保障、社会救助等其他社会保障政策措施相配套，保障农村居民老年基本生活。从 2009 年到 2012 年 7 月 1 日，仅用 3 年时间基本实现了社会养老保险制度全覆盖，比原来预期的 10 年左右大大提前。这填补了农村居民和城镇非就业居民养老保险长期以来的制度空白，人人享有养老保险成为现实。这是中国社会保障事业发展的重要里程碑。

医保和社保的全覆盖，意味着中国实现了全球最大的医保社保网络，这对中国构建社会的底层保障具有重要的意义：有利于农民生活水平的提高，有利于破解城乡二元的经济和社会结构，有利于扩大内需和国民经济发展。

3. 乡镇企业的发展：乡镇企业的发展速度和规模惊人，对中国社会经济发展的贡献巨大，出乎改革开放的总设计师邓小平的意料，认为那不是中央的功绩，完全是民间力量的体现。但实事求是的邓小平立即抓住这项中国农村的伟大创举并加以大力提倡，从此中国的工业化运动走上了康庄大道。

下表是改革开放以来跟"三农"有关的辉煌建设成就[1]。

主要指标		1978年	2000年	2015年	2016年	平均增速 （1979—2016年）
人口	乡村人口	79014	80837	60346	58973	-0.8%
	人口占比	82.08%	63.78%	43.90%	42.65%	——
就业 （万人）	第一产业	28318	36043	21919	21496	-0.70%
	就业占比	70.53%	50.00%	28.30%	27.70%	——
生产 总值 （亿元）	第一产业	1019	14717	60862	63671	4.40%
	一产占比	27.70%	14.68%	8.83%	8.56%	——
收入 （元）	农民可支配	134	2253	11422	12363	——
	全民占比	39.07%	35.88%	36.61%	36.78%	——
总产值 （亿元）	农林牧渔	——	24916	107056	112091	5.60%
产量 （万吨）	粮食	——	46218	62144	61625	1.90%

最大的成就当数大量的农村人口以各种方式进城，并成为城市居民，农村人口占比从1979年的82%降低到2016年的不到43%，大约一半的农民进城成为城市居民。在城市化不断扩张的前提下，粮食产量还能保

1　《中国统计年鉴2017》，中国统计出版社。

持年均增速 1.9%，真的是难能可贵，这对中国这样的一个人口大国来说，是确保国家粮食安全的重要因素。这些都为中国的改革开放奠定了基础。

渐进改革 2：乡镇企业发展，中国第一次工业革命的主力军

从世界历史的发展看，工业革命前后的英国政府是重商主义的代表，而法国则是重农主义的代表，它们后来的发展方向和道路就是最好的证明。重商主义的英国最早开始工业革命，从而导致英国君主立宪制这种封建主义改良的资本主义制度的确立，建立了日不落帝国；而重农主义的法国却爆发了以推翻旧制度为目的的 1789 年法国大革命，实现了共和制的确立，在与英国的争斗中始终处于下风。美国因为没有任何的封建制度残余，和来自欧洲的殖民者，它建立制度时来自旧势力的阻碍几乎没有，所以实现了各自相对独立的联邦制国家。因为各个州都有很高的自主性，所以也是重商主义的代表，最终经过二战确立了全球霸主地位。

重商主义是建立在制造业之上的，而制造业能够促进合理的劳动分工和技术升级，并形成规模经济，从而使国家受益。通过历史可知，重商主义对一个国家的发展至关重要。1776 年亚当·斯密发表的《国富论》就是各种重商主义的代表理论，标志着经济学作为一门独立学科的诞生，

奠定了资本主义自由经济的理论基础。所以，从经济发展的普遍规律角度看，中国是不是也需要来一场类似的"国富论"之"重商主义"呢？

答案是：当然需要！但不是完全的自由主义。随着改革开放的不断推进，中国的改革开放从有计划的商品经济向社会主义市场经济推进，获得巨大的发展成就。

中国的改革选择从农村开始，当时农村占据了超过 82% 的人口；中国在农村和城市相对区隔的二元结构条件下，只要给相对宽松的政策，人民靠双手就能生存；而且农民相对单纯，只要能有发挥劳动力的地方就可以生存；农村具备土地、劳动力以及农林特产的原始积累资源等，最终开始了中国波澜壮阔的改革征程。

从这个角度看，中国政府从重农主义开始。因为农业是基础，"民以食为天""仓廪实而知礼节"。农业一搞活，粮食有保障。粮食有保障，就能搞副业。于是，跟农村粮食生产有关的副业，诸如粮食加工、粮食以外的农作物生产与加工、仓储物流、农具加工维修、建筑施工等，就次第发展了起来。接着，乡镇企业如雨后春笋般地发展并壮大了起来。于是，有作为的中国重商主义政府来了。

在《伟大的中国工业革命》[1] 的作者（清华大学教授与博士生导师）看来："欧洲和英国花了几个世纪，通过殖民主义、帝国主义、重商主义以及跨大西洋奴隶贸易，才形成了一个强大的商人阶层来为英国'交织'和打造了一个统一的国内国际市场。这个培育和形成市场的过程可

---

1 文一. 伟大的中国工业革命 [M]. 北京：清华大学出版社，2016.

以称为人类历史上大市场的‘自然发酵’过程，其关键人物（酵母菌）是贪婪强大的商人……”

“中国也在市场培育和‘发酵’中发现了一个类似的方法来迅速创造市场，而无须通过大批量商人这种‘酵母菌’（漫长的‘自然发酵’过程）。那就是通过利用地方和村镇政府机构和它们的‘组织资本’作为‘酶’和‘酵母’来更快形成市场和农村企业的方法。中国的地方政府促成了农村企业的产生，加快了市场的发育和创造的进程。这是中国快速地原始工业化和经济起飞的关键之一。”

受益于中国政府层级（中央、省、市、县、乡镇、村）里最低两层的乡镇和村级政府里庞大而可靠的接地气的政府公务员（村级上只有很少一部分是公务员）成为“公共商人”，乡镇企业的数量和规模在改革开放之后迅速地呈现出爆炸性增长。

“乡镇企业的平均规模，以固定资产存量的平均值测算，从1978年的15000元（注：平均数）到2000年的125000元，增长了8倍多……与此同时，乡镇企业的总数量在同时期增长了14倍……乡镇企业的总资本存量值的确增长了114倍。”

“中国原始资本积累的这种速度是史无前例的。17—18世纪英国的原始资本积累与之相比也黯然失色，然而，中国是在没有从事殖民主义、奴隶贩卖和帝国主义炮舰政策的情况下实现的。对于这一点，中国庞大的国内市场肯定起了关键作用。”

中国庞大的市场，是真实的还是虚幻的呢？事实表明，只有人口数量的庞大是远远不够的。我们知道，只有有购买力的市场才是真实的市场。清朝在遭受鸦片战争的时候，中国就已经是一个人口超过 4 万万的国家，但当时统治阶级不关心人口占重大比例的农民，洋务运动都是在大城市进行学习西方的工业化；到了中华民国时期，尤其是蒋介石执政的民国时期，政府相信的自由主义就是官僚资本和大地主肆意掠夺国家经济财富为自己所有的自由，因而一样造成了占人口绝大多数乡村的贫困，因此以毛泽东为领袖的中国共产党选择解决中国社会痛点之最的农村，实现"以农村包围城市"的革命路线并最终取得成功。从中可看出，中国最核心的和最本质的问题就是"三农"问题。改革开放选择从农村开始，就是中国共产党践行其初心的"实事求是"。

"因此，在 1978—1988 年，通过创造大量乡镇企业和统一的国内市场而同时引爆的供给和需求增长只能归功于一个因素——中国各级政府官员和由他们组织起来的农民。这些政府官员与当年英国商人阶层发挥的作用是一样的：他们在亚当·斯密《国富论》出版之前的几个世纪中，创造了引爆英国工业革命的巨大原始工业品市场和满足这个市场的乡村工业。"

乡镇企业，最早由毛泽东在 1958 年提出并实施的乡村工业发展模式，在改革开放之后的中国乡村大地上得到飞速的发展，成为改革开放之后突破中国社会贫困陷阱、搞活中国经济的生力军；成为中国社会经济发展情况下实现大量的农村富余劳动力就业的最佳场所；成为农民发展和致富的最佳空间；成为中国城市技术流向农村并激发全国经济活力的最佳去处；成为中国 19 世纪 80—90 年代纺织业出口创汇的生力军。从这个角度看，中国乡镇企业的快速发展，引领了中国真正意义上的类似于西方在 18 世纪开始的以纺织业为代表的第一次工业革命。

　　乡镇企业以农村集体经济组织或者农民投资为主，在乡镇（包括所辖村）举办的承担支援农业的各类企业，是中国乡镇地区多形式、多层次、多门类、多渠道的合作企业和个体企业的统称。包括乡镇办企业、村办企业、农民联营的合作企业、其他形式的合作企业和个体企业五级。乡镇企业行业门类很多，包括农业、工业、交通运输业、建筑业以及商业、饮食、服务、修理等企业。

　　改革开放 40 多年来，乡镇企业实现了"异军突起"，成为国民经济的重要组成部分，农村经济和县域经济的重要支撑力量，农民转移就业的主渠道，成为城乡经济市场化改革和以工哺农的先导力量，起到了其他企业不可替代的重要作用，为中国解决好农业、农村、农民问题，推进中国特色农村工业化、城镇化、现代化，探索出一条成功之路。

　　乡镇企业对中国经济社会的发展贡献巨大，从以下三点可以清楚地展现：

　　① 1978 年，社队企业总产值只相当于当年农业总产值的 37% 左右。到 1987 年，暨乡镇企业发展的第一个"黄金时期"，乡镇企业中二、三产业产值合计增加到 4854 亿元，这相当于农业总产值的 104%，首次超过了农业总产值。据国家统计局资料显示，1999 年乡镇企业增加值占国内生产总值比重达 30% 以上。这是中国农村经济发展史上的一个里程碑，它标志着中国农村经济进入了新的历史时期。到 2007 年，乡镇企业增加值已占农村社会增加值的 68.68%，成为支撑农村经济最坚实的

支柱。

②乡镇企业的出现和发展革命性地开创了农民在农村"就地就近就业"的新路子。到 2007 年，乡镇企业从业人员达 1.5 亿人，占农村劳动力总数的 29.13%，比 1978 年的 9.23% 提高了 20 个百分点，极大地缓解了中国的就业压力，优化了农村劳动力结构，同时为农业适度规模经营、提高劳动生产率创造了条件。

③继联产承包解决温饱之后，乡镇企业成为实现农村小康生活的另一把钥匙。2007 年，乡镇企业支付职工工资达 13700 亿元，农民人均从乡镇企业获得收入 1420 元，比 1978 年的 10.74 元增加了 130 多倍，占农民人均纯收入的 34.8%，比 1978 年的 8% 上升了 26 个百分点，大大加快了农民致富奔小康的进程。

渐进改革 3：特区试点 / 经验推广 / 修正提高 / 全面开放

中国的改革从人口最多，经济最落后的农村出发，中国的开放则从中国相对落后的沿海小城市开始。

为什么从沿海城市出发，而且还是沿海的小城市呢？

与改革从农村开始为出发点不同的是，开放从沿海小城市出发的主要依据是：

①沿海城市与港澳台地区及海外关系多，港澳台同胞、海外侨胞与国内有千丝万缕的关系。20世纪七八十年代港澳台以及海外尤其是东南亚一带经济发展较好，资本较足。可以通过沿海城市与港澳台和海外同胞的血缘关系，吸引资金进来投资发展。

②沿海城市占据着港口的优势。既然我们想着要面向世界发展经济，港口就是重要的基础条件。否则，人家的货物进不来，我们的货品出不去，发展外向型经济就难以实现。20世纪七八十年代发展起来的"亚洲四小龙"（韩国、中国台湾、中国香港、新加坡）以及日本还有东南亚的泰国等，都是依托各自的港口发展了外向型的出口导向型经济，取得了不错的成就。

③改革开放之前由于国家大三线小三线建设需要，沿海处于前沿地带，经济发展相对落后，引进外资成为一种必然的需要。同时，因为沿海小城市与国内其他主要的经济区域联系不够密切，万一出现开放过程中的一些重大发展问题，不至于影响到整个经济，便于政府实行有效的控制，管理起来相对方便。

简单总结：开办特区的目的就在于利用沿海港口城市，吸引外资尤其是港澳台资金来发展出口导向型经济。下面，我们就从特区开办说起，了解中国渐进改革的进程。

经济特区的经验推广：先实验再推广，先统一思想再推广经验。经济特区经验的总结和推广，是中国改革开放中思想的再一次解放。1978年十一届三中全会决定，把党和国家的工作重点集中到经济建设上，实行为实现全面现代化的改革开放，是第一次思想解放的结果。那么，第二次思想解放则是建立在改革开放中尤其是经济特区建设的实践基础之上。因为开始了中国特色社会主义的实践活动，并从实践活动中获取相应的利益，不仅仅是物质利益，还有很多经验类的知识利益等。尤其是在对知识利益的总结和提炼的过程中，形成了一次又一次的讨论，终于实现了第二次思想解放，再次把中国的改革开放事业推向前进。

今天我们回头看改革开放初期的十多年里，是中国社会在长达30年的封闭之后睁开眼睛看西方，觉得西方的一切是那么有吸引力而又充满着威胁和危险；思想的解放到底要解放到什么程度，谁也没有把握。最有名的说法就是"摸着石头过河""不论白猫黑猫，抓住老鼠的就是好猫"。这个时期经济在触底之后的反弹，自然能够取得快速的发展。但整个社会在思想等方面准备显然十分匆促和不足，出现了大量的坑蒙拐骗等不法行为，黑恶势力猖獗、通货膨胀严重等，都是这个时期伴随着经济亢奋发展出现的消极不和谐的现象。

比起经济上看似混乱的大发展，思想上的大混乱也是更加杂乱无章。各种西方的思潮涌进中国大地，长出各种各样的草：资产阶级自由化的、无政府主义的、人道主义的、德赛先生、萨特、尼采、叔本华、弗洛伊德等，无论是哪个，都能够找到它发芽和生根的地方。什么伤痕文学、反思文学、朦胧诗、先锋文学、先锋绘画、实验戏剧、第五代导演的电影……一波接一波地兴起，作家和文学青年受到热烈推崇……

1989年之后，以美国为首的资本主义世界对中国进行了严厉的封锁和制裁。怎么办？改革还要不要继续实施，开放还要不要继续进行？

要，当然要的。就像那首《春天的故事》里唱的：

1992 年，

又是一个春天，

有一位老人在中国的南海边写下诗篇。

天地间荡起滚滚春潮，

征途上扬起浩浩风帆。

春风啊吹绿了东方神州，

春雨啊滋润了华夏故园。

啊，中国，啊，中国，

你展开了一幅百年的新画卷，

你展开了一幅百年的新画卷，

捧出万紫千红的春天。

啊……

　　经济特区发展成绩单：最开始的深圳、珠海、厦门和汕头四个经济特区，都只是几平方公里的地方，后来逐渐扩大到全市，就是为了能够先行在小区域内进行试验，毕竟这是以前没有做过的事情，而且当时的社会各个阶层，人们的思想还是相当保守僵化的。只有通过小范围的试验得出经验教训，才能在部分试错的前提下，进行提炼和修正，然后在更大的范围内进行经验推广……所以经济特区所取得的经验和成就对中国的改革开放特别重要。

　　四个特区刚开始兴办的时候，其经济总量 GDP 对全国的贡献几乎可以忽略不计。但随着特区的逐步发展，1990 年，开始超过 1%，到 2000 年，大约达到了 3.5%，目前基本稳定在 3.5% ～ 4% 之间。最近这些年的占比看起来没有什么大的变化，甚至有一段时间还呈现下降的趋势。其实这跟全国各地已经更好地发展起来有关系，因为特区不特了，所以特区也面临着创新的问题，面临着竞争力的问题。

我们回望过去的 40 多年，深圳是怎样从一个广东南部的小渔村，一个内地人"逃港"的必经之地，一个蛮荒之地，成长为中国内地四大一线城市之一、经济总量在 2018 年超越香港、全球数一数二的科技创新之城的呢？到底是什么能使深圳拥有如此强劲的发展动力呢？

在我看来有以下几点：

①社会主义的深圳：那就是中国共产党领导的深圳，具有最强的执行力，具有改天换地的英雄气概。发挥了中国社会主义制度的优越性，得到了全国人民的支持。深圳的发展也给中国内陆很多地方带去了无穷无尽的物质财富和精神财富。从深圳走向全国的经验、技术、管理、资金和人员，激活了内地许多城市的活力，从而共同创造出中国经济这 40 多年的辉煌。

②思想解放的深圳：中国共产党的领导和全国人民的支持以及来自全国各地的奋斗者"敢为天下先""只争朝夕"的奋斗精神。逐渐形成的深圳精神从原为"开拓、创新、团结、奉献"八个字，变成了新的"开拓创新、诚信守法、务实高效、团结奉献"。全国各地热爱拼搏的年轻人，集聚在深圳，"时间就是金钱，效率就是生命"，团结向上的精神一直在深圳这样的地方昂扬着，也激发着全国其他城市的奋斗精神。

③科技创新的深圳：中国社会科学院和经济日报社共同发布了

2018 年中国城市竞争力报告，深圳以 0.6671 名列第一。从科技投入强度看，2017 年深圳市以 4% 左右的投入强度占比，位居全国城市前列，仅次于北京。经过多年的发展，深圳的经济发生了翻天覆地的变化，深圳的经济更像是中国经济高速发展的一个缩影，也是代表中国改革开放的重要成果之一。至于深圳能够排名中国综合经济竞争力第一名，那绝对不是浪得虚名，而是实至名归。有人开玩笑说，美国前特朗普政府对中国的科技企业比如华为、大疆等进行各种各样的限制，实际上还未走出深圳市南山区粤海街道办[1]。截至 2018 年 8 月全国各主要城市上市公司数量排名，其中深圳上市公司数量是 380 家，位居全国第三，上市企业总市值 93150 亿元，排名全国第二。

④体制引领的深圳：自深圳特区成立伊始，中央和地方出台了多项文件，从税收、用地，以及外商投资企业和外资工作人员的国民待遇等方面给予政策上的优待，这些特殊的经济政策既规范了企业的行为，又保障了企业的经济利益，尤其是对于外资企业大批的引进和发展起到了极大的促进作用。国家政策上的扶持和得天独厚的地理条件，使深圳经济全面快速发展，创造了"深圳速度"与"深圳效益"。深圳的发展得益于国家政策上的扶持和全国各地的大力支持，它的快速发展又使其由历史的地理的边缘城市迈向现代化的国际城市，而这种演变进程的重合

1　截至 2019 年 4 月底，A 股、H 股和美股上市的深圳市粤海街道办上市公司多达 112 家，总市值达到了 4.85 万亿元，上市公司市值超过了绝大部分省份的 GDP 总值。

互动,激活了东南沿海地区的经济潜力,进而带动整个国家经济的发展。

全面开放格局的形成:中国的对外开放已从沿海向内地发展,形成经济特区—沿海开放城市—沿海经济开放区—内地这样一个全方位、多层次、宽领域的对外开放格局。

①经济特区扩容:截至目前,中国大陆共设有七个经济特区。最开始是 1980 年广东的深圳、珠海和汕头(1981 年)以及福建厦门的一小片地方,之后随着经济特区的发展,2010 年及之后的近一年时间里,逐渐把经济特区扩大到上述四市的全市范围。

1988 年,海南独立建省,并成为中国最大的经济特区和领土领海面积最大的省份。2010 年,在新疆的喀什和霍尔果斯,分别成立了面向国际尤其是中亚和西亚的经济特区,这对发展新疆经济建设和"一带一路"的陆上开放发展有重要的意义。

序号	批准时间	所在省市区	经济特区名称
1	1980.08.26	广东省	深圳经济特区
2	1980.08.26	广东省	珠海经济特区
3	1980.10.07	福建省	厦门经济特区
4	1981.10.16	广东省	汕头经济特区

续表

序号	批准时间	所在省市区	经济特区名称
5	1988.04.13	海南省	海南经济特区
6	2010.05	新疆维吾尔自治区	喀什经济特区
7	2010.05	新疆维吾尔自治区	霍尔果斯经济特区

②14个沿海开放城市：1984年4月15日第六届全国人民代表大会第二次会议《政府工作报告》提出：进一步开放大连、秦皇岛、天津、烟台、青岛、连云港、南通、上海、宁波、温州、福州、广州、湛江和北海等14个沿海港口城市和海南岛。这些沿海港口城市工业基础比较好，经济、技术、教育和科技文化水平比较高，在涉外经济活动中也比内地有更多的经验。进一步开放这些城市，能够更好地发挥沿海城市的优势，更好地利用外资和引进、消化先进技术，并形成中国广泛开展国际间经济技术交流和合作的网络地带，从而带动和支援内地建设，推动全国经济发展。

③沿海经济开放区：1985年2月，中共中央、国务院决定，将长江三角洲、珠江三角洲和闽南厦门、漳州、泉州三角地区开辟为沿海经济开放区。批示指出，这三个经济开放区应逐步形成贸—工—农型的生产结构，即按出口贸易的需要发展加工工业，按加工的需要发展农业和其他原材料的生产。

1988 年 3 月，国务院进一步扩大了长江、珠江三角洲和闽南三角洲地区经济开放区的范围，并把辽东半岛、山东半岛、环渤海地区的一些市、县和沿海开放城市的所辖县列为沿海经济开放区。由此，中国初步形成多层次、全方位、宽领域"经济特区—沿海开放城市—沿海经济开放区—内地"对外开放的新局面。

④沿江沿边开放口岸：1992 年，中共中央、国务院决定，对 5 个长江沿岸城市（芜湖、九江、岳阳、武汉和重庆），东北、西南和西北地区 13 个边境市、县，11 个内陆地区省会（首府）城市实行沿海开放城市的政策。中共十四大指出，对外开放的地域要扩大，形成多层次、多渠道、全方位开放的格局。要继续办好经济特区、沿海开放城市和沿海经济开放区。扩大开放沿边地区，加快内陆省、自治区对外开放的步伐。对外开放的不断扩大，为进一步拓展中国同世界各国的经济技术合作，加快中国经济发展，创造了更好的条件。

⑤国家级新区建设：1992 年中国加快改革开放后经济特区模式移到国家级新区，上海浦东等国家级新区的扩大改革开放，成为中国新一轮改革的重要标志。截至 2018 年 12 月，中国国家级新区总数共有 19 个，其中 8 个在东部，2 个在中部，6 个在西部，3 个在东北。另外还有武汉长江新区、合肥滨湖新区、郑州郑东新区、南宁五象新区等地区均在申报中。

⑥国家级经济技术开发：由国务院批准成立，在城市规划区内设立的国家级经济技术开发区、国家级高新技术产业开发区、国家级旅游度假区、国家级保税区等实行国家特定优惠政策的各类开发区。从

1981 年经国务院批准在沿海开放城市建立经济技术开发区开始，截至2015 年 9 月，中国共设立 364 家开发区（145 家国家级高新技术开发区和 219 家国家级经济技术开发区）。在 219 个国家级经济技术开发区中，江苏省最多，有 25 家，其次是浙江省 20 家，山东省 15 家。

⑦国家综合配套改革试验区：国家综合配套改革试验区的设立是中国在经济社会发展的新阶段，在科学发展观的指导下，为促进地方经济社会发展而推出的一项新举措。它是中国改革开放后继深圳等第一批经济特区后建立的第二批经济特区，即中国的"新特区"。

国务院已经先后批准了 12 个国家综合配套改革的试验区，这些试验区从主题上分类可以分为：开发开放的，比如上海浦东新区、天津滨海新区、深圳市新区、厦门市新区、义乌市新区；统筹城乡的，包括重庆、成都；有"两型"社会建设的，包括武汉城市圈、长株潭城市群；新型工业化道路探索的，包括沈阳经济区；农业现代化的，包括黑龙江省的两大平原；还有资源型经济转型的，包括山西省。

此外，国务院还设立多种区别于"综合配套改革试验区"的试验区，如金融试验区：浙江省温州市、广东省珠江三角洲、福建省泉州市、广西壮族自治区防城港市东兴市、山东省青岛市，以及广东省汕头华侨试验区和江苏省南通市、内蒙古自治区满洲里、云南省瑞丽市国家级重点开发开放试验区，标志着中国进入新一轮改革时期。

⑧海南国际旅游岛：2010 年 1 月 4 日，国务院发布《国务院关于推进海南国际旅游岛建设发展的若干意见》。至此，海南国际旅游岛建设步入正轨。作为国家的重大战略部署，将海南初步建成世界一流海岛

休闲度假旅游胜地，使之成为开放之岛、绿色之岛、文明之岛、和谐之岛。到 2020 年，旅游服务设施、经营管理和服务水平与国际通行的旅游服务标准全面接轨，初步建成世界一流的海岛休闲度假旅游胜地。旅游业增加值占地区生产总值比重达到 12% 以上，第三产业增加值占地区生产总值比重达到 60%，第三产业从业人数比重达到 60%，力争全省人均生产总值、城乡居民收入和生活质量达到国内先进水平，综合生态环境质量继续保持全国领先水平，可持续发展能力进一步增强。

⑨中国自由贸易区：指在中国国境内关外设立的，以优惠税收和海关特殊监管政策为主要手段，以贸易自由化、便利化为主要目的的多功能经济性特区。原则上是指，在没有海关"干预"的情况下允许货物进口、制造、再出口。中国自由贸易区是中国政府全力打造中国经济升级版的最重要的举动，其力度和意义堪与 20 世纪 80 年代建立深圳经济特区和 90 年代开发浦东两大事件相媲美，其核心是营造一个符合国际惯例的，对内外资的投资都具有国际竞争力的国际商业环境。自 2013 年以来，中国已经设立了 18 个自贸区，成为中国对外开放在新时期的重要举措。

2013 年 9 月 27 日，上海自由贸易试验区成立，并于 2015 年扩区。

2015 年 4 月 20 日，广东、天津、福建自由贸易试验区成立。

2017 年 3 月 31 日，辽宁、浙江、河南、湖北、重庆、四川、陕西自由贸易试验区成立。

2018 年 10 月 16 日，海南自由贸易试验区成立。

2019 年 8 月 2 日，山东、江苏、广西、河北、云南、黑龙江自由贸易试验区成立。

⑩深圳先行示范区：在深圳特区成立 39 周年之际，2019 年 8 月 18 日《中共中央　国务院关于支持深圳建设中国特色社会主义先行示范区的意见》正式印发，标志着深圳进入新时期的全新发展阶段。

《意见》对深圳的城市定位进行全面提升：抓住粤港澳大湾区建设重要机遇，增强核心引擎功能，朝着建设中国特色社会主义先行示范区的方向前行，努力创建社会主义现代化强国的城市范例。围绕"五位一体"总体布局，从经济、政治、文化、社会、生态五个维度，对深圳提出了明确的战略定位和任务举措：经济建设方面成为高质量发展高地，政治建设方面成为法治城市示范，文化建设方面成为城市文明典范，社会建设方面成为民生幸福标杆，生态文明建设方面成为可持续发展先锋。

中国的改革开放，践行着实事求是的精神，践行着具体问题具体分析的马克思主义方法论，践行着从中国最广大人民群众对美好生活追求的理想愿望，从农村走向城市，从一点走向一面，从几点走向几面，从四大经济特区走向沿海沿边开放城市、国家级新区、国际旅游岛、自贸区、深圳先行示范区的有序推进。以点带面，通过点的试验修正，达到面的推广，最终得到经验的提炼和提升，导向全面的改革开放。

渐进改革 4：国有企业的改革开放

上面提到的开放格局，从地理空间看，是城市的改革，是宏观层面从点到面、从局部到全局的改革开放进程。下面我们将看到城市改革开放的微观方面，那就是企业的改革与开放进程。

改革开放之前，中国城市里的企业只有一种，那就是国营企业，是全民所有制企业。当然，还有一些集体所有制企业，比如供销社等。国有企业经过二三十年的发展，在取得很好成绩的同时，也因体制的僵化导致效率十分低下：统购统销的计划生产，抹杀了商品本身应有的价值；基本无差别级的平均分配思想，抹杀了劳动者生产的积极性；人力资源的限制性流动，抹杀了"树挪死，人挪活"而产生的创造性；长期封闭造成的思维定式，抹杀了企业的竞争力……于是，当我们睁眼西望的时候，发现已经远远地落后了。落后就要挨打的百年耻辱就在不远处，我们得做出改变才有希望。就像邓小平（时任国务院副总理）在 1978 年10 月访问日本后坦率地说："首先承认我们的落后，老老实实承认落后，就有希望，再就是善于学习。本着这样的态度、政策、方针，我们是大有希望的。"

于是，开始了中国国有企业面对新时代的改革和开放的进程。所谓改革，就是要改革事关企业发展的"责权利"。

"责权利"三角定理认为：如果要让个体或者组织承担一定的责任，就应该赋予其完成责任必须的权力，并给予其与所承担责任对等的利益。只有责权利三者对等统一，形成互相支持、促进而又互相牵制、规范的"等边三角形"，各项工作才能顺利进行，企业的发展才能走上正途和坦途。

前面我们提到了改革开放之前，中国社会跟整个外部世界的隔阂，经济社会的发展远远落后于外部尤其是西方发达国家。不仅表现在广大农村的衰败，还表现在大量的企业经营不善、债台高筑、资不抵债。

如果说，农村通过家庭联产承包责任制实现了广大群众吃饭的问题，通过社队企业的转型为"责权利"更加明晰的乡镇企业激活了农村的经济社会活力的话，那么对构成城市基本经济细胞的企业进行"责权利"的改革，则是中国城市改革开放的主线。

要说改革有什么原因，可能每个人都能说出不少。但根本上的原因就是我们真的落后了，我们有很多制度性、政策性的问题，片面强调人的主观能动性而不考虑人在客观上其本性是自私的，是必须被满足的利益动物，才是一个大问题。因此受够了"落后就要挨打"的中国人迫切需要改变现状，那就是改革阻碍我们进步的制度和政策，使得它能够适应并体现"责权利"，从而焕发企业作为城市基础细胞的功能，实现城市经济社会的活跃。这是来自我们承认自己落后而要改革的迫切内心需求。

20世纪六七十年代，外部的世界发生了很大的变化：西方发达国家领导的全球化已经遍及除了中国和苏东社会主义阵营之外的全世界。全球化带来的产业分工，带动"亚洲四小龙"和日本的起飞，把我们远远地甩在了经济社会发展的后端。当我们重新审视的时候，我们要跟上外部的发展，要借助外部的资金和技术的时候，我们的很多制度性政策性的条条框框成为我们引进来和走出去的限制性条款，就不得不进行适度的修改和废除，因此外部力量造成的竞争压力，是推动我们改革的重要力量。比如中国的复关谈判和加入世贸组织的谈判经历了十几年的时间，大部分的原因是西方认为我们不是市场经济国家，对加入该组织附加了很多苛刻的条件。当然，谈判有理有据，该让步的就让步，该据理力争的就据理力争，这些都是对我们原先不利于经济发展的条条框框做出相应的改革，使得企业在国际竞争中处于有竞争力的位置。

在内部广大企业职工要求改变落后贫困的严峻局面和外部全球化竞争压力之下，中国的国有企业改革势在必行。同时，乡镇企业的发展也使得国企直面来自内部的竞争：

《中国报道》记者王哲对原新华社记者、中国企业研究院首席研究员李锦（曾对数十家企业做过走访调研）进行采访，并写就《国企改革，40 年砥砺前行》[1]：

"始于 1978 年开始的改革开放，激活了个体户和私营经济等经济形态，对国有经济造成了极大冲击，农村改革全面推开，大张旗鼓搞家庭联产承包责任制，城市里出现个体户承包饭店开小商店等现象，但由于改革时机不成熟，国企基本上是一片冻土。"

"农村商品经济首先从农副业、加工业开始对国有企业产生冲击……调研发现，收羊的农民与国有企业延伸到基层的供销社、收购站竞争，他们双方互相架大喇叭喊话，供销社说的是'要拥护国家的统购

1　原文刊发于《中国报道》2018 年第 9 期。

统销政策'，农民个体户的大喇叭喊着'我们收羊价格高''我们的羊肉便宜'等，竞争的结果显而易见。在对比中，民营企业的生命力充分显示出来，农民个体户走进了流通渠道，对实行统购统销的国有企业形成了巨大冲击。"

"国企面临的另一重大冲击来自乡镇企业。当时，乡镇企业在江苏南部和山东的胶东半岛迅速发展起来，乡镇企业因为机制灵活在竞争中明显优于国有企业，并出现了'星期天工程师'现象：国有企业的技术人员，星期天到附近乡镇企业'走穴'，进行技术支持。"

"面对乡镇企业三分天下有其一的咄咄逼人态势，国企被动地进入改革阶段……1984年，石家庄造纸厂被当时担任销售科长的马胜利承包以后，效益一下子翻了番，在全国引发了轰动，福建有55个厂的厂长共同呼吁向厂长放权，中央也提出要加强企业自主权，国企中开始推行厂长经营责任制。"

于是，改革的春风吹到了国有企业。

下面我们来将一捋国有企业改革的进程（下文所提国企，如没特别说明，包括国有企业、国有控股、集体企业等含有国有经济成分的企业群体）。

国企改革进程[1]：总体上看，中国国企改革历经扩权让利制、承包责任制、现代企业制和深化产权制四个阶段，在取得相当丰硕成果的同

1　岳清唐. 中国国有企业改革发展史1978—2018. 北京：社会科学文献出版社，2018.

时，还存在着诸如基础性行业、高度垄断行业改革滞后导致国有资产严重流失的问题。这些都是发展中的问题，相信随着国有企业进一步深化改革而得到改善和解决。改革的目标是建立起现代企业制度，实现企业自主经营、自负盈亏，成为真正的市场主体。

1. 经营层面的改革：1978—1984 年作为改革的初期阶段，主要触及的是经营权层面的问题。国企最大的一个问题就是生产资料和生产设备都是国家的，企业的经营者就是一个拿工资的群体，而且工资数额相差还不是很大，这就极大限制了人的主动性与创造性。改革就是要使得真正实现"按劳分配，多劳多得"。意思就是企业的经营者如果能够把企业经营好，获得较好的利润（经过评估以及与以前相比），那么经营者就能够获取从企业经营利润里面切出来的一份蛋糕，让经营者多付出多得益，以发挥人的主观能动性，最大限度调动人的生产工作积极性。从这个角度看，改变了过去企业所有者和经营权一体而导致的僵化，实现企业所有权国有和企业经营权有限分离，从而推动企业的发展。

改革的过程当然是艰难的，就像前面提到的中国改革面对的是经济落后、生活贫困并且没有明显的既得利益前提下的改革，这种所有权和经营权有限分离，还是得到了企业广大员工的大力支持。

因而国企改革从扩大企业经营自主权起步，开始实行企业利润留成，对于不同行业、不同企业确定不同的留成比例，企业可以用利润留成建立生产发展基金、集体福利基金和职工奖励基金。这一改革充分调动了企业和职工的生产积极性，见到了明显效果。此后，从 1981 年起，相继实行了利润包干和利改税，都收到了可观的成效。利改税较好地规范了政府与企业的分配关系。但由于价格体制改革滞后，价格体系不合理，也造成了企业间的税负不公平。

1979 年发表于《人民文学》，由蒋子龙创作的短篇小说《乔厂长上任记》，讲述了经历了十年动乱后，某重型电机厂生产停顿，人心混乱，老干部乔光朴主动请缨收拾烂摊子，乔厂长上任后大刀阔斧地进行改革，扭转了生产的被动局面。小说成为改革文学的开山之作而获得了 1979 年度全国优秀短篇小说奖。而改革的事例成了那个时代的主旋律。

2. 所有权层面的改革：1984—1992 年，主要进行国有企业从经营权向所有权过渡的改革。以实行经营承包责任制为重点，逐步确立企业市场主体地位。1984 年国企明确提出了政企分开和所有权与经营权分离的改革方向，企业的经营权获得更加自主的选择与安排：比如生产什么不生产什么，有权拥有和支配自留资金，等等。政府不再经营企业，给企业经营进行了最大限度的松绑，让企业实现真正意义上的自主经营、自负盈亏，通过自身的积累进行自主发展。1987 年提出全面开始推行多种形式的承包经营责任制（厂长／经理责任制），通过合同的形式界定企业与国家之间的"责权利"，从而确立了企业的市场主体地位。

这个时代厂长负责制的代表人物里，就有浙江的步鑫生。

1956 年，响应国家号召，步家荣昌裁缝铺也合作化了，步鑫生成为武原缝纫合作社主任。1980 年，步鑫生出任浙江省海盐县衬衫总厂厂长。在他的带领下，小厂打破"大锅饭"，进行全面改革。步鑫生以敢为人先的精神，解放思想，大胆改革，在企业里推行了一套独特的经营管理办法，使这个小厂的产品畅销上海、北京、广州等大城市，成为全省一流的专业衬衫厂。1983 年《人民日报》登载了新华社发表的《一个有独创精神的厂长——步鑫生》。一时间，步鑫生成了名动全国的改革先锋，全国掀起学习步鑫生改革创新精神的热潮，推动了全国城市经济体制改革。由中央下命令全国推广一个人，之前只有雷锋和焦裕禄，可见其改革的影响力之大、荣誉之高。

那他独特的经营管理办法是什么呢？今天我们看来也许不觉得有过人之处，或者习以为常，但对当时的中国来说已经是超乎寻常了，所以才能够成为代表性人物。比如打破大锅饭、牌子与砸饭碗、治理"流行病"、开订货会、打响衬衫牌子、讲工作效率和速度等。海盐县衬衫总厂，这个前身是 1956 年合作化组织起来的小集体性质缝纫生产合作社，从一开始只有 60 多名职工，到 1983 年达到 600 多人，两年后达 1000 多人，企业利润每年以 50% 的幅度增长。

3. 实行规范的公司改制：1992—2002 年，这个阶段中国社会开始由有计划的商品经济向社会主义市场经济转型，改革的目标主要是建立现代企业制度。1993 年政府提出，国企改革的方向是建立现代企业制度，并强调其特征是"产权清晰、权责明确、政企分开、管理科学"。国企改革进入了制度创新阶段。经过十余年的困难重重的改革，到 20 世纪末，大多数国有大中型企业初步建立了现代企业制度。这其中，国家通过增加银行核销呆账坏账准备金、支持破产兼并重组、成立国有资产管理公司、债转股、分离企业的社会职能减轻企业负担等手段，使得国有企业甩掉历史包袱轻装上阵，逐渐走上了健康的发展之路。

1992 年初，国有企业掀起了"破三铁"为中心的企业劳动、工资和人事制度的改革热潮，被称为计划经济体制下国有经济经营机制改革的最后一战，这一改革措施得到党中央的首肯，并迅速在国有企业中广泛实施。此前，所有的改革理念和措施都是针对经营层与国有资产管理层的，而"破三铁"第一次针对普通职工，解除了企业与工人的"终身劳动契约"。大家意识到，国有企业不再是"永远的保姆"和"不沉的大船"，虽然这导致了 20 世纪 90 年代国企员工大量下岗的局面，却促使着大量有真才实学下海的人获取了人生路上的第一桶金。

经历了 20 世纪 90 年代初连续几年的大投入，通货膨胀加快，经济过热，泡沫泛起，不得不进行软着陆，国企开始出现了经营上的困难，而始于 1997 年的东南亚金融危机更是雪上加霜，亏损问题更加严重。这样的背景下，国家明确提出要用三年左右的时间，通过改革、改组、改造和加强管理，使大多数国有大中型企业摆脱经营困境。

在这个国有企业改革和脱困的三年目标中，"抓大放小"成为基本思路：以市场为导向，资产为纽带，通过强强联合，在一些重要行业或关键领域组建一批大型企业集团，同时采取改组、联合、兼并、租赁、承包经营和股份合作制、出售等形式，加快放开搞活国有小企业的步伐。针对放开搞活国有小企业产生的问题，1997—1999 年，党中央反复强调实施"鼓励兼并、规范破产、下岗分流、减员增效和再就业工程""保障国有企业下岗职工的基本生活"等。

通过这些改革动作，我们看到"1997 年，全国国有及国有控股大中型工业企业有 16874 户，其中亏损企业 6599 户，占 39.1%；到 2000

年底，亏损户减少到 1800 户，减少近 3/4"，成果相当显著。这些为进入 21 世纪的中国经济社会改革提供了有力的基础保障。

4. 产权制度的深化改革：经过 15 年的不懈努力，中国于 2001 年加入了世贸组织。2003 年，中国国务院国资委正式成立，开启了国企管理体制和国企改革的新阶段。国资国企管理形成了新的管理体制和制度。中国加入世贸组织，对国有企业特别是央企进军国际市场起到极大的推动作用；当时的国资委负责人提出："央企要做到（业内）前 3 名，做不到前 3 名，我给你'找婆家'。"196 家央企陆续进行合并，业务进行扩张，出现了多元化浪潮。多元化发展也使得国企积累了一些问题，尤其是一些央企发现进入的领域并不赚钱，同时也出现了"国进民退"的争论。

2015 年，中央确定了以产权改革为主的国企改革目标，建立现代企业制度，完善公司法人治理结构和市场化经营机制。目的是实现由政府计划管控下的行政型治理向以市场机制为主的经济型治理转型，使得国有企业真正成为独立的市场主体。2015 年 11 月提出了供给侧结构性改革，改变了投资刺激的方式，其中包括去产能、去杠杆、央企重组等。

到 2019 年底，由国务院国资委监督管理的央企一共有 96 家（这些是狭义上的央企，广义上的央企包括金融类中央企业）。目前央企只有 10 家左右企业有自然垄断成分，绝大多数都在充分竞争领域。都属于实业类企业，涉及能源、建筑、造船、石油化工、装备制造、电力投资、汽车装备制造、物流、钢铁、地产等众多实业领域。在这 96 家央企中，包含了香港四大央企：港中旅集团、招商局集团、华润集团、中国光大集团。其中，招商局集团在 2018 年总资产首破 8 万亿元，位居 96 家央企第一名，利润总额 1450 亿元，位居 96 家央企第一名。

金融类央企主要是由财政部和中央汇金公司实行监督管理，主要涉及银行、证券、保险、资产管理公司等金融领域，共有 27 家金融类央企，包括五大国有商业银行（工建农中交）、三大政策性银行（进出口银行、农业发展银行、国家开发银行）、四大资产管理公司（信达、华融、长城、东方）。

目前国企混改正分层分类推进，同时推动转换经营机制，建立有效制衡的法人治理结构和灵活高效的市场化经营机制，引入非国有积极股东进入董事会，在业务上发挥战略支持作用。国企经过多年改革和制度创新，不但走出了困境，而且成为具有较高劳动生产率、较强盈利能力和竞争力的市场主体，成为国民经济的重要骨干力量。

总体上看，中国的国有企业经过了 40 年的发展，经历了经营层面经营权与使用权分离的改革，经历了所有权层面政企分开的改革，经历了建立"责权利"更加明晰的改革，经历了股份制改革和建立现代企业制度的改革，除了少数自然垄断性企业外，大部分的国企尤其是央企基本上建立了完善的现代企业制度，在各行业中都达到了数一数二的发展目标，成为中国经济社会建设稳定发展的定海神针。相信随着混合所有制改革的进一步推进，大型国企发展的成效将进一步惠及民生和整个社会的发展。

渐进改革 5：自主发展与外部协作

　　1949 年中华人民共和国成立的时候，世界已然进入了以美国为首的资本主义阵营（西方）和以苏联为首的社会主义阵营（东方）的冷战对抗中了。1950 年夏天朝鲜战争爆发，中国为了国家和民族利益不得不卷入了"保家卫国、抗美援朝"的战争中去，导致中国不得不"一边倒"地经济社会的发展"依附"于苏联。从此开始了被西方国家各种制裁和禁运尤其是高科技方面的禁运的历史，直至今天，只不过是换了方式和项目罢了。在它们看来，任何高科技都会被应用到武器上来，因而封锁禁运也基本上是武器禁运。所谓的武器禁运，是对于军事武器装备、尖端技术产品、稀有资源等上万种具有战略意义的货物和技术进行禁止出口的命令。

　　二战结束后不久，东西方因为利益和意识形态的差异形成了冷战双方的各自阵营。为了限制西方发达国家向社会主义国家出口战略物资和高科技，美国于 1949 年建立了出口控制统筹委员会，总部设立在巴黎，又称为巴黎统筹委员会，简称巴统。其成员国包括美、英、法、德、日等西方主要发达国家。禁运范围涉及军事武器装备、尖端技术产品、稀有资源等上万种具有战略意义的货物和技术。根据巴黎统筹委员会规定，如果成员国准备向受限国家出口受控货物和技术，必须向巴黎统筹委员会提出申请，且必须所有成员国一致同意后，该出口国家才能签发出口许可证。

　　请记住，是所有成员国一致同意才有出口许可的可能。意思就是说，只要美国认为不能，那就是不可能的事情了。其他跟班和不是跟班的小国家说了不算，即使很有利益也不行。

因此，20世纪50年代中国经济社会的发展，在技术上依赖于苏联、东欧。到了60年代中苏关系破裂，中国就只能是自力更生地发展了。1972年美国总统尼克松访华后，美国及其他西方国家逐渐考虑向中国提供有限度的"先进技术"，中国在这个时代总体上看，技术在自力更生的基础上，更多地还是从西方国家引进一些我们看起来很先进的，但在西方来说是有代差的技术。随着苏联的解体和中国与西方关系在80年代末90年代初的破裂（西方对中国的和平演变没有得逞，恼羞成怒加紧封锁），巴黎统筹委员会取消了已放松的对华出口控制，并且实施军事制裁，实行武器禁售。

巴黎统筹委员会下属的中国委员会成立于1952年，是对中国实行禁运的执行机构。巴统的宗旨是执行对中国和其他社会主义国家的禁运政策。禁运产品有三大类，包括军事武器装备、尖端技术产品和战略产品。

禁运货单有四类，分别是：

①Ⅰ号货单为绝对禁运者，如武器和原子能物质。

②Ⅱ号货单属于数量管制。

③Ⅲ号货单属于监视项目。

④中国禁单，即对中国贸易的特别禁单，该禁单所包括的项目比苏联和东欧国家所适用的国际禁单项目多500余种。

巴统的禁运政策和货单常受国际形势变化影响，有时还把禁运限制同被禁运国家的社会制度、经济体制或人权联系在一起。巴统带有强烈的冷战色彩和意识形态的目的。

　　大家看看，西方国家是不是从一开始就对新生的中华人民共和国持敌对态度，设置了种种限制条件，千方百计地阻止中国获得发展所需的技术与物资。从它们一以贯之的做法来看，今天西方世界尤其是美国对中国科技企业的封锁和封杀（比如华为、中兴、大疆、大华等），其实只是它们的意识形态下的进一步发展而已。我们来看看西方对中国的禁运清单吧，如此才能够懂得拥有自主技术是多么重要。

　　①对中国禁运的 X 波段雷达；

　　②对中国禁运的 TI（得州仪器）芯片；

　　③对中国禁运的光刻机；

　　④对中国禁运的工作站；

　　⑤对中国禁运的超级计算机；

　　⑥对中国禁运的 CCD 模块；

　　⑦对中国禁运的五轴加工中心。

　　今天它们禁运的范围扩大到含有 10% 美国技术的其他国家产品，够狠的吧！

　　它们为了实现技术垄断，不仅实行禁运，还想方设法阻止我们的技术进步。

　　比如中国的大飞机运 -10 项目始于 20 世纪 70 年代，在 80 年代迎来了重大的发展机会并付诸实施了。但它们通过所谓的"市场换技术"，跟中国合作飞机组装制造企业，从而把中国的大飞机项目扼杀在摇篮中，整整耽误了二十来年的发展时间，直至前几年中国的大飞机 C919样机才飞上蓝天。2020 年初，它们又开始禁止美国企业的飞机发动机出口中国，理由是担心中国对其进行"逆向工程"研究，抄袭美国的发动机技术。

我们不会忘记美国对中国高科技企业华为和中兴的遏制。先是对中兴公司以美国国内法进行"长臂管辖"，随后对中兴进行"芯片"断供，导致中兴公司"投降"式地和解，屈辱地接受了生存条件。接着对更加有影响力的华为员工进行了海外"绑架"，企图勒索华为也像中兴那样"投降"式地和解。不料，华为硬气得很：芯片，自己的麒麟也挺牛！操作系统，已经准备了基于物联网打通移动端和电脑端的鸿蒙操作系统！5G，更是独领风骚，风光无两！在此之前，美国从前总统特朗普开始，一众跟班如副总统、国务卿、商务部长等高官，集体为中国华为在全球各个场合免费宣传，堪称史上"最有影响力"的广告投放，而广告聚焦于一个点，那就是华为 5G 系统太安全了，导致美国感觉威胁了"美国国家安全"，明眼人都知道，美国再也不能随心所欲地监听其他国家领导人的电话了，导致了它为所欲为控制别国的惯用伎俩变得不安全了。

华为对危机事件的应对，当然是华为公司深谋远虑、居安思危、未雨绸缪的结果，也是中国人不断冲破西方重重技术垄断和封锁的结果。华为事件之所以在 2019 年成为全球最为热门的企业事件，那自然跟美国一众高官的念念不忘有极大关系，还与其通过第三国拘禁华为高管的方式有关。人类社会都进步到 21 世纪了，美国社会那些自诩为"民主自由人权卫士"的人还使用着 20 世纪之前的黑社会手段，真的令人唏嘘啊！所谓文明的外衣都是"皇帝的新衣"，只不过是为了利益罢了。真的是：只要利益多，新衣亦可抛。

面对西方世界对中国种种的围堵和封锁，绵延五千年文明的中国人，岂能坐以待毙、束手无策呢？在 20 世纪 60 年代腹背受敌的情况下，在世界最强悍的两大霸权国家威胁下，中国人靠着自力更生、艰苦奋斗的精神，实现了"两弹一星"的伟大事业。今天的中国更加具备了自主发展的物质基础，任何试图阻挡中华民族复兴的企图，都将是"螳臂当车"，不自量力罢了。它们的阻挡可能会延迟我们前进的脚步，但绝对不能改变我们前进的方向。

①两弹一星："核武器"是一个大国在这个弱肉强食的，充满丛林法则的世界"安身立命"或者在险恶的世界江湖"扬名立万"的"必杀技"。这些"必杀技"是赖以生存的必要条件。我们可以不用或者不首先使用，但我们必须得有！而且还要有技术含量！

1960 年 11 月 5 日，中国仿制的第一枚导弹发射成功。

1964 年 10 月 16 日，中国第一颗原子弹爆炸成功，使中国成为第五个拥有原子弹的国家。

1967 年 6 月 17 日，中国第一颗氢弹空爆试验成功。

1970 年 4 月 24 日，中国第一颗人造卫星发射成功，成为第五个发射人造卫星的国家。

中国的"两弹一星"是 20 世纪下半叶中华民族创建的辉煌伟业。对于中国而言，"两弹一星"是在非常艰苦、没有外援的环境下开发出来的成果。而"两弹一星"精神象征了中华民族自力更生，在社会主义制度下集中力量从事科学开发研究，并创造"科技奇迹"的态度与过程，组合的元素则为"爱国主义""集体主义""社会主义"与"科学精神"，并可以衍生至"科技创新""知识经济"等领域。

②北斗导航：导航在今天移动互联网以及未来的物联网时代，有多重要我不再赘述了。当初中国想跟欧洲合作开发导航系统，就是那个伽利略系统，欧洲刚开始是同意合作，而且也开始进行一些合作运行。但后来断然拒绝了与中国的进一步合作，逼得中国不得不下大力气另起炉灶，到今天我们已经发展起自己独立的北斗导航系统。

2020年6月23日，随着"收官之星"北斗三号的最后一颗卫星发射升空并成功定点，所有30颗北斗三号卫星已全部转入长期管理模式，接下来，卫星要进行多项在轨测试之后才能开启工作模式，并编入北斗全球导航系统卫星网络。历时20多年的北斗导航终于取得了决定性的成果，导航靠别人的日子从此结束。

③载人航天：是人类驾驶和乘坐载人航天器在太空中从事各种探测、研究、试验、生产和军事应用的往返飞行活动。把人类的活动范围从陆地、海洋和大气层扩展到太空，更广泛和更深入地认识整个宇宙，并充分利用太空和载人航天器的特殊环境进行各种研究和试验活动，开发太空极其丰富的资源。目前仅美、中、俄三国拥有自主载人航天能力。

莫斯科航天俱乐部科研负责人伊万·莫伊谢耶夫认为，美国目前在航天领域依然领先，在其之后的中国、欧洲、俄罗斯基本上在同一个水平上。莫伊谢耶夫认为，中国正在地球遥感、通信、导航等应用航天领域赶超俄罗斯，但在载人航天方面落后于俄罗斯，在基础空间研究方面落后于欧洲。

④核潜艇：指以核反应堆为动力来源设计的潜艇。核潜艇水下续航能力能达到20万海里，自持力达60～90天。装有战略核导弹的核潜艇是一支水下威慑的核力量。因为海洋的不可知性，核潜艇成为战略威慑的重要工具，成为大国必备的战略武器。

20世纪60年代，中国的核潜艇项目自上马以来，确实经历了极为坎坷的发展历程。抗美援越、珍宝岛之战、苏联"外科手术"核打击的威胁，严峻的现实促使中央军委发出"边设计边建造"的硬性指令。核潜艇研制所耗财力，实在难以计算。无论如何，只要它令中国具有"第二次核报复"能力，就是物超所值的。

⑤航空母舰：早在20世纪30年代，当时的国民政府就第一次提出建造中国航母的计划，但出于各种原因始终无法如愿。

2011年8月10日，中国航母平台进行出海航行试航。

2012年9月25日，中国第一艘航空母舰"辽宁舰"正式交付海军。

2017年4月26日，中国首艘国产航母在大连正式下水。

2019年12月17日，中国第一艘国产航母命名为"中国人民解放军海军山东舰"。

航空母舰是一个国家综合实力的象征。有了航母以后，国家的海上力量将实现立体化、体系化、综合化和信息化的提升，将一个国家的海上作战范围从近海推向中远海。它可以担负多种多样的海上任务，包括非战争军事行动任务。在和平时期，航母通常用于海洋搜救、防海盗、打击恐怖活动等。

⑥深海无人潜航器和载人潜水器：主要指那些代替潜水员或载人小型潜艇进行深海探测、救生、排除水雷等高危险性水下作业的智能化系统。因此，无人潜航器也被称为"潜水机器人"或"水下机器人"。无人潜航器按应用领域，可分为军用与民用。在军用领域中，无人潜航器可作为一种新概念武器中无人作战平台武器。从某种意义上说，无人潜航器的作用和无人机的作用差不多。无人水下潜航器可以用于不同的军事目的，既可以用于侦察也可以用于攻击；还有很多民用目的，如探寻未知的海底资源能源，为未来的开发利用起到开路先锋的作用。

"蛟龙号"载人潜水器是一艘由中国自行设计、自主集成研制的载人潜水器，也是"863 计划"中的一个重大研究专项。2010 年 5 月至 7 月，"蛟龙号"载人潜水器在中国南海中进行多次下潜任务，最大下潜深度达到 7020 米。2018 年 5 月 8 日，国家深海基地管理中心透露，"蛟龙号"载人潜水器计划于 2020 年 6 月至 2021 年 6 月执行环球航次。

⑦5G 技术：5G 到底能够改变什么？一个比喻就是：1G 就是步行，2G 骑上了自行车，3G 搭上了公交车，4G 则是自驾车，5G 可能就是坐上了超音速飞机。未来基于 5G 的人工智能，超乎我们的想象力。所以，这也成为世界主要科技大国必定竞争的主要战场。从 2018 年美国就开始对中国科技企业尤其是华为进行全面围堵，借口就是"美国国家安全"受到威胁，可见 5G 有多么重要，重要到一个国家的主要领导人都锲而不舍，不遗余力，赤裸裸地诋毁华为和绑架"人质"。也正因为如此，中国才有了足够的信心和底气，发展能够把关键技术掌握在自己手里

的自主能力。

⑧超级计算机：顾名思义，超级计算机是指能够执行一般个人电脑无法处理的大量资料与高速运算的电脑。超级计算机主要特点包含两个方面：极大的数据存储容量和极快速的数据处理速度，因此它可以在多个领域进行一些人们或者普通计算机无法进行的工作。在诸如天气预报、生命科学的基因分析、核工业、军事、航天等高科技领域有着广泛的应用。

2019 年 6 月 17 日上午，第 53 届全球超算 TOP500 名单，在德国法兰克福举办的"国际超算大会"（ISC）上发布。与 2018 年 11 月公布的名单相比，榜单前四位没有变化，美国两台超级计算机"顶点"（Summit）和"山脊"（Sierra）仍占据前两位，中国超算"神威·太湖之光"和"天河二号"分列三、四名。在超算 500 强中，中国以 228 台居首位，美国以 117 台居其次。但在性能上，美国上榜超算占榜单性能的 37.8%，而中国超算占 31.9% 居其次。总体上看，各有千秋，中国在超算方面与美国差距不大，并驾齐驱。

⑨大飞机：一般指的是最大起飞重量超过 100 吨的运输类飞机，包括军用大型运输机和民用大型运输机，也包括一次航程达到 3000 公里的军用飞机或乘坐达到 100 座以上的民用客机。中国始于 20 世纪 70 年代研发 80 年代试飞的运 -10 项目，为何忽然以什么"技术不成熟""没有市场"的借口下马了？真实的原因是运 -10 在技术上取得很大突破，美国就想方设法以"市场换技术"来阻止运 -10 发展，以此削弱竞争对手，最终实现独霸天下的梦想，这样才能够获取高额垄断利润。

好在只要努力什么时候都不晚。运 -10 下马 20 年后，2006 年大型飞机被国家确定为"未来 15 年力争取得突破的 16 个重大科技专项"之一。经过不懈的努力，2017 年 5 月 5 日，中国首款国际主流水准的干线客机 C919 在上海浦东国际机场安全落地，首飞成功。

⑩军用雷达：中国的 DWL002 无源雷达就是突破美国封锁自行研制出来的。资料显示，DWL002 无源雷达探测系统，主要用于防空和海岸监视，可在复杂的电磁环境中对机载、舰载和地面辐射源进行探测和定位，并实时显示目标轨迹。该雷达的探测距离可达 500 公里。整个雷达系统可实现全空域覆盖，并可实时、精确地定位与跟踪，具备信号分析与识别能力，基本可以做到"500 公里内无死角"。

⑪数控机床：中国在数控机床领域也是不断打破国外垄断。五轴联动数控机床，在 1999 年首次展出。随着"高档数控机床与基础制造装备"国家科技重大专项的带动，面向航空航天、军工、船舶等高端领域的五轴联动数控机床取得突破，多种结构的中国产五轴联动及复合加工机床实现了在用户生产现场的小批量应用。2013 年，中国五轴数控机床出口德国就是中国机床制造打破西方垄断的一种体现。

⑫集成电路与光刻机：集成电路是美国 IT 业的命根子，绝对不能技术转移的。就连中国要收购德国的芯片企业也是不被允许的。今天的中国集成电路行业，虽然还不能达到完全自主的程度，但在很多较为薄弱的领域实现了突破。相信随着国家和企业在这方面投入的加大，实现完全的自主只是时间问题。

光刻机这颗半导体产业皇冠上的明珠，是荷兰的强项。虽然相较于荷兰 ASML 的 5nm、7nm 光刻机的水平还有很大的差距，但 2019 年中国的企业中芯国际已经正式宣布：14nm 工艺制程芯片已经实现量产，并且在为 7nm 工艺的研发做准备。2019 年对中国半导体产业是值得庆贺的一年，据媒体消息，武汉光电国家研究中心的甘宗松团队，目前已经成功研发 9nm 工艺制程的光刻机。值得一提的是，这款光刻机利用二束激光突破了衍射极限的限制！中国或将打破 ASML 的全球垄断地位，也将正式引领全球半导体行业！

⑬中国高铁：至 2019 年底，中国高速铁路营业总里程达到 3.5 万千米，居世界第一，占比约 70%。1990—1991 年期间，中国开始高铁技术攻关和试验实践规划，以适应经济建设带来的越来越多的人员流动的需求。1996 年，中国与韩国共同研制高速列车，并在广深铁路上进行试验。1998 年 8 月 28 日，广深铁路营运列车最高行驶速度达 200 千米 / 小时，成为中国第一条达到高速指标的铁路。

截至 2019 年 11 月 23 日，中国已系统掌握各种复杂地质及气候条件下高铁建造成套技术，攻克铁路工程建造领域一系列世界性技术难题，全面掌握构造速度 200 ～ 250 千米 / 小时、300 ～ 350 千米 / 小时动车组制造技术，构建涵盖不同速度等级、成熟完备高铁技术体系。2018 年，中国高速铁路营运动车组列车全年累计发送旅客达 20.05 亿人次。

根据《中长期铁路网规划（2016 年调整）》，在 2016—2025 年（远期至 2030 年）期间规划建设以八条纵线和八条横线主干通道为骨架、区域连接线衔接、城际铁路为补充的高速铁路网。在"八纵八横"主通道的基础上，大致分东部地区、东北地区、中部地区和西部地区规划建设高速铁路区域连接线，进一步完善路网、扩大覆盖。

有媒体和网友把中国高铁称之为新时代的中国"四大发明"（高铁、网购、支付宝、共享单车）之一，这是高铁的最高荣誉。

这些是我们经常听到的一些中国在重要科技上自主创新的科技项目，还有很多中国技术，都在实现着自主的能力，给我们普通老百姓的生活带来便利和快捷。

"从来没有什么岁月静好，只是有人替你负重前行！"

是的，不经历风雨，怎能见彩虹啊！

法国《世界报》刊文指出，中国军备突破重重技术封锁，实现弯道超车逆袭并开始逐步实施技术反封锁的过程，绝对惊艳，写成剧本是无人能比的精彩大剧。该报指出，中国军备面临的技术封锁严厉程度没有任何一个国家与地区能够比拟，中国面对封锁时的韧性与坚韧超乎世界想象，中国军备实现逆袭的节奏与速度更是令世界震惊。

"世界上400多种军备直接相关的技术中，美欧等实施严格技术封锁的就有350多种，就算剩余的不到50种技术，中国没有遭遇严厉封锁，但是也没有办法直接从世界主要技术强国获得任何支持。"

更重要的是美欧等制定了较为严苛的技术封锁制度协议等。比如在航天领域，美国国会议员弗兰克·沃尔夫起草推动的"沃尔夫条款"禁止美中两国之间开展任何与美国航天局有关或由白宫科技政策办公室协调的联合科研活动，甚至禁止美国航天局所有设施接待"中国官方访问者"。

西方世界也许永远都弄不明白，为何中国越是封锁越是强大？

西方国家为了保持自己的领先优势，动辄以各种借口对它们认为不听话的国家进行经济和技术制裁，以保持它们的优势地位，从而更好地奴役其他的发展中国家甚至其盟友。而对中国的制裁，始于20世纪50年代，后于70年代稍有放松，90年代又开始严格起来，对重大的科技成就封锁得滴水不漏。可是它们发现，封锁围堵了几十年，中国不但没有像它们臆想的那样崩溃和解体，反而成为世界第二大经济体、成为独自拥有太空站的国家、成为世界上一半左右工业品产量第一的国家……这使得那些抱残守缺的冷战思维的西方国家绝望至极，它们以为可以把中国改造成听从它们发号施令的国家，成为一个永远在中低端领域为它们打工并生产消费品的国家，成为一个它们随时可以"薅羊毛"的国家……

可是，中国不是那样的国家，中华民族也不是那样的民族。

面对困难时的团结和志气，面对外部威胁时的拼搏和奋斗，面对外部围堵封锁时的民族创造力……中华民族五千年文明的文化自觉性已经成为中国人的生存基因，恐怕是西方那些民粹主义政客永远都想不清楚的。

一句话，关键的重大技术自主权必须掌握在自己手里。没有技术自主权，再庞大肥硕也不过是一只待宰的羔羊罢了。

当然，自主不仅仅是科技方面，那些关系国计民生的行业也必须自主，比如粮食、油料、水、电、煤、气等，一样都不能被西方国家掌控。这些关系国计民生的领域一旦被外资控制，等待国民的只有挨宰的份，而从来不会有什么高效率高质量的传说：它们是为资本服务的，而资本是逐利的！还特别喜欢追逐高额的垄断利润。

我们强调自主的同时，从来没有拒绝外部的协作。

改革开放以来成立了大量的各类合资、合作和外商独资企业，就是与外部协作的丰硕成果。从 1998—2016 年，外商投资和港澳台商投资的工业企业从 26442 家增长到 49554 家，资产则从 2 万多亿元增长到 21 万多亿元，主营收入则从 1.56 万亿元增长到 25 万多亿元，利润总额则从 419 亿元到 17597 亿元，实现用工平均数则从 775 万人增长到 2182 万人。

来到中国的外资，在中国不断发展的改革开放中也获取了巨大的利益，表明我们从来都是欢迎外部的协作，达到实现合作共赢的目标。

渐进改革 6：外向型经济发展

随着国际形势的风云变幻，20 世纪 70 年代起西方世界开始稍微放松了对中国的封锁与制裁，中国社会也开始"睁眼看世界"，我们开始了认知外界，拥抱世界的改革开放进程。在这个进程中，我们引进外资、引进设备、引进技术、引进管理……引进一切有利于我们经济发展的有形和无形的资源，以实现我们的"四个现代化"。在改革开放相当长的一段时间里，以出口为导向的外向型经济成为我们经济发展的主导。

所谓外向型经济（亦称"出口主导型经济"）：是指依靠优先发展

出口产品生产，积极走进国际市场，参加国际分工和国际交换来带动经济发展的一种经济类型。旨在促进出口工业的发展，在汇率、税制和信用上给予出口产品生产较多的优惠和支持。通过扩大出口，增加外汇收入，再引进国内急需的技术和设备，推动本国经济的发展。它具有较强的出口创汇能力，能在较大规模上利用外资，引进并吸收、消化国外先进技术和经营管理方法，在较大的范围内参加国际分工与劳务合作，促进地区内经济效益的提高和社会经济的发展。

显然，改革开放之初的中国，因为封闭太久，所以落后于外面的世界太多，经济社会发展所需要的东西又太多。那要从哪里开始呢？

前面提到了，中国的改革从农村开始，引爆经济社会改革的进程。那么，赶超外部世界进行开放要从哪里开始呢？从比较优势的角度出发，我们就会明白应该从哪里开始！

当时的中国社会，最大的优势是什么？

是巨量的劳动力，是价格低廉的劳动力以及成本低廉的农产品和矿业初级产品。

在这个比较优势之下，劳动密集型产业的发展成为首选，依靠巨量低廉的劳动力进行出口加工工业的发展，实现经济社会的初步发展。并使用大量的出口创汇引进先进的技术和设备，从而实现基于农产品和初级工业品出口的循环发展的模式。这就是中国基于当时的社会实际情况而开始对外开放的步骤。这个时候的世界经济情况是怎样的呢？

第二次世界大战之后，西方尤其是欧洲经历了战后重建，逐渐走上了经济快速发展的阶段。美国在二战后开始了对世界经济的掌控，开始了产业的转型升级。把一些中低端的制造业往劳动力廉价的地区转移，其中转移到东亚的日本和"亚洲四小龙"以及东南亚国家居多，使得这些地区快速实现了工业化，逐步迈入了发达的行列。美国对上述地区的产业转移，基于两种因素的考虑：一是为了围堵中国和苏联社会主义经济；二是这些地区人口众多，劳动力素养相对较好而且因为人口多就业竞争压力大导致劳动力价格低廉。

改革开放前后的中国，站在战后全球化和国际分工的门槛上，抓住产业分工和利用自己的比较优势去发展外向型经济成为必然的选择。同时，我们也看到了日本和"亚洲四小龙"外向型经济发展的成功经验。"龙口夺食"我来也！

事实上，1978年之后，中国没有选择集中精力在原先的重工业上进行更新和发展，一是由于财力有限没法全面推进国家去实现"四个现代化"；二是确立了实现"温饱水平"的发展路径更为实事求是。

温饱的"饱"，那就是发展农业，增加粮食产品，保障劳动大众要能够吃饱饭；温饱的"温"，那就是要增加"衣食住行"的"衣"，从而做到"吃得饱穿得暖"的基本社会发展目标。如果我们把建设小康社会作为一个中长期的国家发展目标看，那么"吃得饱穿得暖"就是这个远大目标的第一个层次。很难相信一个食不果腹、面黄肌瘦、衣衫褴褛的人能够去践行高大上的价值观之下的远大目标。

基于这样的战略思路，中国开始了波澜壮阔的第一次工业革命：开始鼓励在广大乡村设立大量的、小规模的各种小工业，生产满足劳动大众日常所需的消费品。这些以乡镇企业为主体的经济，表现出劳动密集、低质量、低技术、低附加值的特征，与 18 世纪欧洲很多国家的原始工业化十分类似。生产的产品都是廉价的，在国内外却拥有广阔市场的轻工消费品，比如筷子、牙刷、塑料盘子、塑料凳子、水杯、水桶、别针、铁钉、裙子、衬衣、鞋子、帽子、手套、窗帘、沙发、厨具、办公用品、家具、自行车等，而这些都是满足大部分刚刚吃饱饭的数量巨大的劳动大众生活需求的，因而这些看起来杂乱无章的小企业获得了巨大的发展，逐渐走上对外出口的发展路程。

更重要的是，这些分布于全国各地尤其是广大乡村和城市郊区的乡镇企业，就近解决了从农业丰收后解放出来的，同样是巨量的中国劳动力，使得广大农民成为产业工人。如果这些从农业分离出来的劳动力无处就业而闯荡到原本就十分脆弱的城市，那将对城市的社会稳定造成重大的影响。从农业分离出来的富余劳动力，从本质上还拥有属于他们的集体土地经营权，完全不同于 18 世纪英国工业革命时因圈地运动而失去土地的农民那样只能成为接受资本家剥削的产业工人。中国的产业工人，是从事一种类似于增加收入的"副业"，他们在老家都还有田地和山林，可以交给还在老家的亲人耕种并获取收益。所以他们并不是无产阶级，而是拥有土地使用权与就业分离的产业工人：离乡不离土的小资产者，如果我们把中国农村集体土地经营权看作是一种资产的话，那就是一种能够带来财富的资产。

没有后顾之忧的来自广大乡村的中国小资产者，成为中国改革开放后最为强大的劳动大军。各种基础设施建设的现场、高楼大厦的施工现场、城市最基础的绿化环卫等工作现场都拥有大量的这种小资产者，他们有一个统一的名字："农民工"。

因为没有后顾之忧，所以他们所迸发出来的力量十分强大。多赚钱，回家盖房子，供孩子读书出人头地。勤奋成为中国劳动者最显著的特征，无论他是一名建筑工地的工人，还是一名纺织厂流水线上的女工；也无论她是写字楼里面的白领，还是街头开餐饮的小老板……几乎所有的人都怀揣着赚钱回家"盖房子""供小孩读书"的良好愿望，兴许还夹杂着光宗耀祖的念想。"艰苦奋斗""任劳任怨""勤劳致富""和气生财"就是他们最真实的写照。

这是千千万万中国家庭三四十年来的真实写照，谱写着一曲曲奋斗者的青春之歌。

这种强大的驱动力，是中国改革开放取得巨大成就的源泉与保障，也是中国社会稳定发展的重要支撑面。

就这样，原先被很多人，包括各阶层的人和各种经济学家所瞧不起的中国这些"土不啦唧"的乡镇原始工业，却彻底地改变了中国的经济版图，并引爆了自19世纪中叶鸦片战争以来，中国一而再，再而三期待却总是错失的工业革命。

在西方世界的经济研究者和中国大量师从西方经济学的国产经济学家眼里，中国的乡镇企业不过是一种中国特有的现象，不具有普遍的意义，理由就是：中国缺乏私有产权制度和人口流动（因为中国是世界上少有的实行户籍管理的国家）。只能说这些人是"缘木求鱼"和"只见树木，不见森林"，他们判断标准的出发点错了，结果自然也是谬之千里了。

中国虽然实行户籍管理，但就改革开放初期的乡镇企业而言，吸收的是就近的劳动力，劳动力的流动一点问题也没有，只不过是相对距离较短罢了；至于私有产权，那是西方经济学的基石，在中国却未必是基石！

西方经济学诞生于 18 世纪甚至更远一些的年代，私有产权成为它们研究的基础和出发点，这是适合当时的社会经济技术条件的。但到了 20 世纪中后期，中国社会的情况是农村土地集体所有制，最大的财产所有权在农村集体手里，而这个集体是由一个个农民组成的。到了改革开放，土地财产开始了所有权和经营权的分离，经营权在农民手里。我们可以认为经营权（权会带来利，利的归集就是一种财产）也是一种财产，是一种基于土地所有权与经营权有机分离的私有财产，尽管当时还没有立法保护私有财产，但可以保护经营权不受侵犯。所以，基于经营权是一种财产的现实思考，脱胎于农村社队企业的乡镇企业，从一开始就按照私有产权的方式进行运营尝试，就近接收了大量廉价的劳动力，从而带动并实现着中国期待已久的工业革命，尽管还是很初级的层次，但已呈现出勃勃生机且一发不可收了。

遍布在中国 960 万平方公里土地上的乡镇企业，凝聚成最基础的工业化集群，形成最广泛的供应链和销售网络。这些由乡镇企业构成的劳动密集型企业，以最有竞争力最有性价比的产品和服务走向全国市场，走向全世界市场。它们中的佼佼者逐渐成长为该行业的大型企业，成长为横向一体化或者竖向一体化的超大型企业，在后来的国内市场竞争和国际市场竞争中，成为世界 500 强企业。

这些企业相对集中的地方，变成了当地城市的重要产业新城，或者成为大城市的卫星城，比如广东的东莞、福建的晋江和石狮、江苏的昆山等。那些繁荣而又紧密相连的夫妻小店会形成贸易中心城市，比如"世界最大额的小商品批发市场"义乌。以资源为主的地方会成为重工业城镇。

这些企业的快速发展，刺激着电力、供水、交通运输、通信和其他基础设施的急剧需求，导致重商主义政府通过各种财政政策和货币政策，对基础设施进行大规模投入。这些投入在增加就业和收入的同时，也加快了产业布局的形成和产业效率的提升以及产业扩张的步伐，最终从部分地区的发展逐渐过渡到靠近资源靠近市场的大规模布局，从而带动相对落后地区的产业落位和布局，实现产业的转型升级。

产业的转型升级，是相对而言的概念。先发地区的劳动密集型产业向落后地区转移，不仅仅是先发地区的升级转型，也代表落后地区迈进了工业化的门槛，在一定意义上实现了共同发展的进程。这在中国这样一个幅员辽阔的国家中有着非常重要的意义：先进带动后发，先富带动共富。

中国社会的超速发展，尤其是乡镇企业带动的工业化浪潮，困惑了一众知名或不知名的国内外经济学家：他们困惑于私有产权、困惑于人口管制、困惑于市场范围、困惑于资本积累，更困惑于政府干预。在自由主义经济学家看来，市场是最有效的配置资源的力量，市场能够自我疗伤！但是他们恰恰忘记了基于市场的资本总是以追逐最高利益为目标，如果纯粹靠市场去实现自我调节，那必然是要付出昂贵的社会成本

（经济危机）。在资本主义发展史上，已经有无数次市场失灵的情况发生，那就表明政府的适当干预是减少社会运营成本的有效手段。问题不在于需不需要政府干预，而是在于干预程度。即所谓"有所为，有所不为"也。

无数事实证明，在基础设施和关乎国计民生的产业上，政府的干预可能不是最有效的市场法则，但一定是全民最大的福利来源。

基于中国最广大乡村而发展起来的乡镇企业，积累了大量轻工业消费品的生产和销售，完成大量的初级产品的出口创汇，换回大量的技术与设备以及管理经验，为实现中国起始于 20 世纪 50 年代的重工业提升做好了各种准备。如果将这些轻工业产品的大规模生产称为中国实现了第一次工业革命，那么接下来的以重工业为目标的升级换代就是中国的第二次工业革命。这次革命大多数以国有企业的改革进行，以并购、重组、合资、合作等方式进行"以市场换技术"的大规模市场化改革与开放。

也有一些行业"以市场换技术"的结果是市场给出去了，技术没有学到手。

最典型的就是中国的汽车行业，市场拱手相让给西方的大型汽车公司，而汽车的核心技术至今没有掌握在自己手里。虽然中国品牌的汽车越来越多，但在中高端品牌上，自主品牌一无所获。全球最大的汽车市场形成今天的结果，是中国改革开放最大的负面成绩。中国的汽车人尤其是大型国有车企真的需要好好反省，过度保护的结果就是全面的落后。

而中国的家电行业，经过残酷的市场竞争，最终全面碾压日本、韩国和欧洲的产品，成为全世界最有竞争力的行业，也许它们还有一些所谓的撒手锏，但我们已经可以淡然面对市场竞争。然后就是中国高铁，从最开始的技术引进与吸收，形成了完全自主知识产权的高铁系统，拥有了全世界运营里程的三分之二，成为新时代中国制造最突出的名片之一。

无数的历史实践证明，越是开放的年代就越是发展的年代，越是开放的国家就越是有前景的国家。中国的发展，始于 20 世纪 50 年代的重工业化，停滞于 60—70 年代的过度重工业化，重新出发于 80 年代开始的正常逻辑：首先完成基于最广大消费品需求的轻工业化，进而于 90 年代着重提升重工业水平，最终达到轻重合理发展，实现全面工业化。

进入 21 世纪，中国刚刚经历了全面工业化的进程，都是比较先进的技术，再加上具有后发优势并不断完善的基础设施，恰逢第三次以信息技术为核心的世界工业之互联网技术的大爆发，紧紧抓住这次世界性的工业革命，实现了移动信息科技从模拟到 1G—2G—3G—4G 的大跃进，至少在应用上引导了世界移动互联网的潮流，实现了工业革命有史以来的弯道超车。

进入 2019 年之后，以 5G 为代表的人工智能时代正向我们走来，而这一次中国将会走在世界的前头。

总结一下。

中国改革开放 40 多年来的工业化进程，正是遵循着世界上绝大多数国家工业化进程的逻辑：抓住二战之后国家分工的机会，通过遍布中国乡村和城市周边郊区的乡镇企业发展最原始的、各种大小不一的、生产满足日常消费品的轻工业，积极参与国际分工，规模化地生产出极具竞争力的性价比产品，实现了大量的出口并创汇，为购买国外先进的设备和引进先进的技术储备了财力；使用引进的技术和设备，生产出更有竞争力的产品投向国外和国内市场，并在竞争中不断提升自己的技术，实现产业的转型升级，实现了中国式外向型经济的良性发展。这与拉美那些出口导向型发展的模式完全不同，也跟那些资源密集型国家的发展模式完全不同。中国的发展是内生性的动力，而那些资源密集型国家的发展不具备内生动力，因而紧扣在它们头上的"资源魔咒"无法避免。

在整个过程中，中国政府起到了关键的作用。如果要问，为什么是中国而不是印度或者其他的人口众多的亚非国家实现经济在短短 40 多年里的快速发展？一切的发展，都有赖于政府对市场的规范，也一样有赖于政府对市场的尊重。"有所为，有所不为"也。经济发展的各种基础设施，无法依赖以追逐利益为目标的私有资本，即使国有资本有饱受诟病的低效率，但它却是其他资本企业发展壮大和整体经济发展的最真实的基础。电力、能源、交通、供水、供气等无一不是微利行业[1]，却是关系民生最为密切的行业。所以，基础设施的不断完善，既是各种产业发展的良好基础，又是全民的最大福利。这里的基础设施，还包括基于各种社会稳定的基础性投入形成的社会稳定和安全环境。

---

1 这些行业的产品基本上是需求没有弹性的行业，如果任由资本逐利，这些行业的产品价格将会天然地因需求刚性变高价而暴利。

　　下表是中国改革开放以来的一些数据信息[1]，可以发现中国进出口产品结构的变化，也可以看出外商投资金额的变化，都表明中国经济社会发展的巨大变化。

货物进出口情况		服务进出口情况		利用外资情况（亿元$）		
1978年	2016年	1978年	2016年	合同外资	实际外资	转化率
出口额/进口额（亿元¥）		总额/差额（亿元$）		1979—1984年		
168/187	138419/104967	45/8	6575/-2409	281	182	65%
增长倍数：824/561		2016年服务进/出口主要项目		1985/2007年		
进出口总额/顺差（亿元¥）		旅行	2611/444（-2167）	103/1982	47/783	46%/40%
355/-20	243387/33452	运输	806/338（-468）	2016年		
增长倍数：686/逆差变顺差		知识产权	240/12（-228）	2008年起不公布合同金额	1260	—

1　资料来自《中国统计年鉴》整理汇总。

据海关统计，2019 年中国货物贸易进出口总值 31.54 万亿元，比 2018 年增长 3.4%。其中，出口 17.23 万亿元，增长 5%；进口 14.31 万亿元，增长 1.6%；贸易顺差 2.92 万亿元，扩大 25.4%。

根据海关信息，2019 年中国出口商品价格指数上涨 2.8%，进口商品价格指数上涨 1.4%，贸易条件指数是 101.4，说明中国出口同样多的商品可以换回更多的商品。部分附加值高的产品出口保持良好增长态势。根据 WTO 数据测算，2019 年 1 月至 9 月，中国机电类产品、劳动密集类产品在全球市场份额分别提高 0.2 和 0.9 个百分点。

2019 年民营企业首次超过外商投资企业，成为中国外贸第一大主体。全年民营企业进出口 13.48 万亿元，增长 11.4%，占中国外贸总值的 42.7%，比 2018 年提升 3.1 个百分点。其中，出口 8.9 万亿元，增长 13%；进口 4.58 万亿元，增长 8.4%。借助"一带一路"倡议和区域综合成本比较优势，民营企业进出口在中西部地区的增长速度更快。2019 年中部、西部地区民营企业进出口增速分别达到 28.3% 和 22.4%，这个增幅比东部地区分别高了 19.5 个百分点和 13.6 个百分点。

2019 年中国对第一大贸易伙伴欧盟进出口 4.86 万亿元，增长 8%；对东盟进出口 4.43 万亿元，增长 14.1%；对美国进出口 3.73 万亿元，下降 10.7%。此外，据海关统计显示，2019 年中国对"一带一路"沿线国家进出口 9.27 万亿元，增长 10.8%，高出整体增速 7.4 个百分点，占进出口总值近 30%，比 2018 年提升 2 个百分点。这些都表明中国外贸面临着新局面，应对外界威胁的综合能力也会更强一些。

渐进改革 7：内需型经济活力

提一个问题：中国最大的优势是什么？

这个问题是没有答案的，一百个人有一百个答案。

但，中国是一个人口大国。应该百分之百的人都同意。

"任何一件小事，乘以 14 亿都是大事；所取得的任何成绩，除以 14 亿都微不足道"，表明中国人口之多。它既是一个负担，更是一个巨大财富。14 亿人光是吃喝的问题，都足够让人头大。每人一天半斤米，全中国每天就要消费粮食 7 亿斤，相当于 35 万吨，以中国"辽宁号"航空母舰标准排水量 5.7 万吨计算，需要至少满载运输 7 次，这仅仅是一天的粮食。

在经济发展水平低下的年代，粮食问题就是头等大事，关系到生存的问题。那么这个时候人口多就是最大的负担；而当经济发展到一定程度，个人消费水平的提高和升级，都为整个社会的生产和服务提供了无比巨大的市场。以 2019 年中国 GDP 大约 100 万亿元计算，中国 14 亿人口每天创造的 GDP 是 2739 亿元，每小时创造 114 亿元，每分钟创造 1.9 亿元，每秒钟创造超过 300 万元的国民生产总值。

毫无疑问，就人口来说中国是一个绝对的大国；就创造财富而言，中国也是一个绝对的大国；就消费物质和服务而言，中国依然是当仁不让的绝对大国……也就是说无论从哪个方面来看，中国都是一个绝对的大国。那么一个大国的经济发展，绝对需要多个方面的支撑点才能形成经济社会的平衡发展，即使在某个阶段可能会偏向于某一个方面，那也是一种战略上的思考：集中优势兵力攻击某一个点并取得突破！

从一国经济的支出角度看，GDP是最终需求"投资、消费、净出口"这三种需求之和，因此经济学上常把投资、消费、出口比喻为拉动GDP增长的"三驾马车"，这是对经济增长原理最生动形象的表述。

①投资是指财政支出，即政府通过一系列的财政预算包括发行国债，对教育、科技、国防、卫生等事业的支出，是辅助性的扩大内需。

②消费是指一国内部需求，即本国居民的消费需求，它是经济的主要动力。

③出口是指外部需求，即是通过本国企业的产品打入国际市场，参与国际竞争，扩大自己的产品销路。

通常，经济学研究者使用投资、消费和净出口来衡量一个国家经济发展的均衡性。到底经济的增长是投资拉动的呢，还是消费拉动的，抑或是外贸拉动？自然，绝对不可能是单一的情况，基本上是三者互动的结果。但在某一个阶段可能会着重于某一方式。

对于一个小经济体来说，利用自己的比较优势和国际分工，发展偏重于外贸为导向的外向型经济是可取的。比如日本和"亚洲四小龙"。但当一个经济体发展到足够大的时候，单纯依靠外向型经济的发展模式，就会遇到瓶颈。比如日本和韩国，其本身国内的市场有限，外部的经济环境又发生了巨大的变化，其外向型经济的发展就会遇到发展的空间被压缩的问题，导致经济发展迟滞！而更小的经济体如中国台湾和香港地区，就会更加难受，其经济腹地受到政治意识形态的干预太大，导致其外向型经济发展受阻。

而对于一个很大的经济体来说，经过了一个时期偏重于某一个方式发展之后，就必须好好平衡"三驾马车"的各自作用而不可偏废。比如中国，在 20 世纪 80—90 年代甚至是 21 世纪初以外向型经济发展为重点之后，广大的国内市场成为经济发展可持续的关键点。外部的世界经济和世界市场，因为多数的低迷而消费乏力，中国不断增加的出口制造能力引起了众多的贸易纠纷，导致对外贸易的困难局面，还造成国内环境的恶化。因此，怎样更好地发展国内市场成为国家可持续发展的最新选择。

于是，启动国内超大的消费市场，成为经济社会发展的头等大事。当然，"三驾马车"里的投资，一直都在持续不断地发展。投资一直被很多经济和社会学者诟病，认为投资过剩，效益低下。但如果没有投资持续不断地在经济发展的底层基础设施上进行，中国的经济就不可能有今天，也不会有更好的明天。关于投资对经济的拉动，将在后续的篇章里进行详细解读，这里就先按下不予阐述。

上一部分我们主要探讨了外向型经济对中国经济社会发展的重大贡献。这一部分要探讨的主要是消费对经济社会发展的影响。

发展的目的是什么？

发展不只是为了发展，发展的目标是为劳动者服务的。为了发展，劳动者付出了体力和脑力的劳动，就必须获得收入，收入可以用于维持生存和提高生活水平。所以，发展的目的是使劳动者更好地生活。

怎样更好地生活呢？

　　那就是劳动者的收入能够支付得起更好更健康的食品、更保暖更体面的服装、更宽敞更舒适的住房、更便捷更快速的交通、更好的教育、更好的休闲、更好的旅游、更好的文化体验、更好的社会稳定和安全……所有这些，都是劳动者需要用收入来支付的，那就是消费！

　　是的，发展是为了消费，为了更好的消费。那么，一个14亿人口的国家，在经过了艰苦奋斗的发展，有了一定的积累之后，更好的消费就成为劳动者享受劳动成果之必然。

　　前面我已经在"渐进改革3：特区试点／经验推广／修正提高／全面开放"中对中国的改革开放进程做了一个阐述，那就是从沿海到内地，从几个点到几个面，从几个面到全面的推进。这样的渐进式改革，基于两个方面的思考：一是我们的改革开放是前所未有的，是没有经验可循的，因而是"摸着石头过河"，所以确立了试点、推广、修正、全面的原则；二是中国是一个幅员辽阔、资源有限、差异巨大、人口众多、基础薄弱的国家，所以必须通过"一部分地区先富起来"来达到"共同富裕"的目标。

　　正是充分考虑了中国的国情，考虑了中国的南北差异、东西差异、沿海与内地的差异、城市与乡村的差异、大城市与小城市的差异，才有了中国改革开放不同阶段提升和内部转移的可能，才有了东部先发地区向中部和西部后发地区转移产业的可能，才有了因产业升级转移带来了各自区域就业方向的变化和收入水平的提高，从而在不同程度上实现了消费的升级，最终带动经济社会向更好的方向发展。

　　从地理上看，中国分成了南方与北方，很少有分成东方和西方的说法。基本上是从东往西以淮河—秦岭和横断山脉为分割线，之南的地域统称南方，之北的地域统称北方。

从人口分布的角度看，从东北黑龙江的黑河到西南的云南腾冲画一条直线，可以看出这是中国人口分布的重要分界线：该线以东以南的地区国土面积占比 43%，人口占比高达 94%；而该线以西以北的地区国土占比 57%，人口占比只有 6%。可见中国人口分布是极其不均衡的。

人口分布不均衡的原因，跟自然环境有关，也跟经济社会的发展密切相关。所以就形成了中国地理范围内经济发展的三大经济带：发达的东部经济带、发展中的中部经济带和欠发展的西部经济带。

根据《国务院发布关于西部大开发若干政策措施的实施意见》以及中共中央的十六大报告的精神，现将中国的经济区域划分为东部、中部、西部和东北四大地区。东部包括：北京、天津、河北、山东、上海、江苏、浙江、福建、广东和海南（10 个省市）；中部包括：山西、安徽、江西、河南、湖北和湖南（6 个省）；西部包括：内蒙古、广西、重庆、四川、贵州、云南、西藏、陕西、甘肃、青海、宁夏和新疆（12 个省市区）；东北包括：辽宁、吉林和黑龙江（3 个省）。

无论怎样划分，经济社会的发展程度都是最主要的指标。也表明中国这个幅员辽阔、人口众多的国家存在着不同需求的市场，那也意味着国内不同地区可以发挥各自的比较优势，实现中国内部的产业分工，形成一个互相关联密切的大市场，为经济社会更好地发展，提供源源不断的内生性需求。

比如广东的"腾笼换鸟"、江苏的苏南产业部分转移去苏北等都是很重要的基于国内分工协作的产业升级与转移。国家号召的开发西部和振兴东北也是基于产业分工的道理。

1. 广东的"腾笼换鸟"：这个战略是时任广东省委书记汪洋在2008年5月29日以《中共广东省委、广东省人民政府关于推进产业转移和劳动力转移的决定》文件形式正式提出，也叫"双转移战略"。具体指：珠三角劳动密集型产业向东西两翼、粤北山区转移；而东西两翼、粤北山区的劳动力，一方面向当地第二、第三产业转移；另一方面，一些较高素质劳动力，向发达的珠三角地区转移。"腾笼换鸟"在推进前期并不理想，但后续的执政者予以大力推进。2013年1月17日，时任广东省委书记胡春华表示，广东作为"排头兵、先行地、试验区"的地位不会一劳永逸，广东既要抓"腾笼换鸟"，又要推动"凤凰涅槃"。腾笼不是空笼，要先立后破，还要研究"新鸟"进笼，"老鸟"去哪儿？要着力推动产业优化升级，充分发挥创新驱动作用，走绿色发展之路，努力实现"凤凰涅槃"。"腾笼换鸟"改变的是高投入、高消耗、高排放的粗放型增长方式，换来的是质量与效益、经济与社会协调的增长方式，最终带给人民群众的是幸福安康的生活。

广东实施产业转型升级3年，35个省级产业转移园累计创造产值逾4400亿元，税收逾240亿元，从产值和税收角度看，相当于再造了一座中等城市。随着产业升级，污染严重的企业从市区搬迁出去，改善了环境污染，蓝天绿树得以重现。以佛山为例，经过"双转移"腾笼换鸟，佛山一方面让制造环节在迁往外地过程中进行技术改造，解决污染能耗问题，一方面把陶瓷产业的核心技术、研究、会展、总部等仍然放在佛山。

2. 江苏：改革开放以来，江苏经济社会持续快速发展，综合经济实力不断增强，但苏南、苏中、苏北区域间发展不平衡现象较突出。

江苏政府高度重视加快苏北振兴、促进区域共同发展，采取一系列重大举措，取得了积极进展。江苏根据产业结构调整和产业转型升级的内在要求，紧紧围绕"着力提升苏南发展水平、促进苏中崛起、加快苏北工业化进程"，充分发挥各地比较优势，大力推进产业梯度转移，努力促进区域协调发展。苏南地区着力于提升产业层次和自主创新能力，综合实力和国际竞争力不断增强；苏中地区依托沿江开发开放，生产要素加速集聚，优势产业迅速发展，崛起势头强劲；苏北地区积极实施产业、财政、科技和劳动力四项转移，并由苏南等经济发达地区采取转移项目、吸引劳动力就业、培训干部、挂钩帮扶、南北共建开发区等多种形式，推动苏北工业化的进程。

多年持续有序、有效的产业转移使得苏北地区经济综合实力迈上新台阶。2019 年江苏 GDP 总额接近 10 万亿元；名列全国第二，人均 GDP 在中国大陆仅次于北京和上海两地，名列第三。13 个地级市 GDP 总量都超过了 3000 亿元。全国百强县达到 23 席，名列第一，并包揽了前四名（昆山、江阴、张家港和常熟）。

3. 西部大开发：是于 2000 年提出并开始运作的中国中央政府的一项政策，目的是"把东部沿海地区的剩余经济发展能力，用以提高西部地区的经济和社会发展水平、巩固国防"。2006 年国务院通过了《西部大开发"十一五"规划》。2019 年 8 月 15 日，国家发展改革委印发《西部陆海新通道总体规划》，明确到 2025 年将基本建成西部陆海新通道。

为什么要进行西部大开发呢？因为中国现代化的难点不在东部，而在西部。中国的现代化能不能实现，也将取决于西部广大地区的发展情况，因为西部地区幅员辽阔。

西部大开发的范围包括 12 个省区市（加上湖北省恩施、湖南省湘西、吉林省延边）：四川、陕西、甘肃、青海、云南、贵州、重庆、广西、内蒙古、宁夏、新疆、西藏以及恩施、湘西、延边。上述地区面积占比全国 71.4%，人口占比 25%。这部分地区出于历史和地理原因，经济社会的发展总体上较为落后。允许一部分人和一部分地区先富起来是中国经济社会发展的战术问题，而实现整个国家不同地区之间的共同发展、共同富裕是中国特色社会主义的战略目标，因而要把西部开发同全国产业结构调整和地区经济结构调整结合起来考虑，西部大开发是必然为之。

西部大开发是有序推进的，东部转移的产业也必须符合更加严格的环保要求。最重要的是加强了经济社会发展所必需的重大基础设施建设，比如 2001 年夏天开工的青藏铁路、西电东送工程、西气东输工程、退耕还林还草工程、重大水利枢纽工程、兰新高铁、京新高速、京藏高速、西成高铁、沪昆高铁、贵广高铁等都对西部经济社会的发展起到了重要的促进作用。还有建设中的成都至拉萨的高速公路和川藏铁路，都将对西部区域的发展起到更多的促进作用。

20 世纪末前后，西部地区的人口与东部沿海地区的上海、江苏、浙江、广东和山东五省市大体相当，国内生产总值却不到东部五省市总和的 40%。西部地区人均国内生产总值，仅相当于全国平均水平的 60% 左右。2019 年西部 12 个省区市的 GDP 总量达到了 205169 万亿元，是东部五省市总量 378877 万亿元的 54%。2019 年西部 12 个省区市的人口 3.79 亿与东部五省市的 3.76 亿相差无几，人均 GDP 上西部 12 省区市达到 5.4 万元，是东部五省市 10.1 万元的 53.5%，基本上与总量占比是持平的。这表明经过 20 年左右的国家对西方地区的大量投入和开发，西部 12 个省市区经济发展水平与东部五省市缩小了差距。

相信随着西部建设的进一步推进，以及西部作为"一带一路"重要的陆上区域，必将给西部区域的经济社会建设带来更多的利益，也必将对整个国家的平衡发展做出杰出的贡献。

4. 振兴东北：20 世纪 90 年代以前，东北作为中国经济较发达的地区，同时也是中国重要的工业基地。然而随着改革开放的深入，东北地区的经济发展速度逐渐落后于东部沿海地区。有鉴于此，时任国务院总理温家宝于 2004 年 8 月 3 日提出了振兴东北的战略（实施西部大开发战略，加快东部地区发展并率先实现全面小康和现代化，支持东北地区等老工业基地加快调整、改造，实行东西互动，带动中部，促进区域经济协调发展，是推进中国现代化建设的重大战略布局）。该区域包括东北三省辽、吉、黑和内蒙古东部的 5 个盟市，面积约 147 万平方公里，人口 1.2 亿。2012 年国务院批复了《东北振兴"十二五"规划》。

2014 年 8 月，国务院印发《关于近期支持东北振兴若干重大政策举措的意见》，要求抓紧实施一批重大政策举措，巩固扩大东北地区振兴发展成果、努力破解发展难题、依靠内生发展推动东北经济提质增效升级。2015 年 3 月，习近平在参加全国人大十二届三次会议吉林代表团审议时一针见血地指出，东北老工业基地"工业一柱擎天，结构单一"的"二人转"组合并没有根本改变。他用"加减乘除"形象地为东北老工业基地振兴发展破题。他说："现在加法多，其他少，亟待补课。这个问题不解决，老工业基地难以凤凰涅槃、腾笼换鸟。"

总体来看，振兴东北前前后后经历了十几年，但整个东北似乎在经济发展的调整过程中掉队得越来越远了。整个经济社会的发展相对于沿海地区和中部地区，不是缩小了而是扩大了。

2019 年吉林以最低增速排在中国大陆末位，黑龙江是副班长，内蒙古和辽宁也在降级的行列里。这种局面已经持续了好多年。

其中东北老大辽宁的 GDP（约为吉林和黑龙江的总和）增速从 1995 年的 7.1% 攀升到 2007 年的 15%，之后的十多年，持续下滑，2014 年下滑到 5.8%，2019 年降至 5.5%。

东北的发展，经历了两次振兴，成效不显著，反而与国内东部发达地区和中部发展中地区甚至是西部地区都拉开了距离。可能需要更加深入研究，东北到底是应该补短板，还是发挥比较优势？如果是要发挥比较优势，那么东北的比较优势在哪里？这中间，很重要的一点就是思维方式和行动方式要改变！不能还是被普遍认为"投资不过山海关"，这种说法不大好，但它却是广大投资者切身感受后的直观反映。

东北，也许你还沉浸在曾经的辉煌中，在观念没有变化的情况下，面对外部变化的发展而患得患失……而今天的东北，已经没有什么可以丢失的，行动起来，放掉一切架子，解放思想，奋勇前进吧！

2020 年全国两会期间，习近平总书记在看望参加全国政协十三届三次会议的经济界委员并参加联组会时，再次强调了，"坚定不移推动经济全球化朝着开放、包容、普惠、平衡、共赢的方向发展，推动建设开放型世界经济"。提出："着力打通生产、分配、流通、消费各个环节，逐步形成以国内大循环为主体、国内国际双循环相互促进的新发展格局，培育新形势下我国参与国际合作和竞争新优势。"

这就是中国改革开放现阶段的双循环发展结构。世界好，中国才能好；中国好，世界会更好。中国不断深化改革，利用超大规模的国内市场打造内需"引力"，提升经济发展质量，以国内循环促进国际循环。中国坚持高水平全面开放，强化中国经济循环对国际经济大循环的吸引力，以国际循环充实国内循环，实现两个循环彼此促进。

渐进改革 8：生态文明建设，城市反哺农村

"远看堵车一条龙，大街小巷脚难下。停车顿挫夜色晚，尾灯红于三月花。"这首模拟自唐代大诗人杜牧的《山行》（远上寒山石径斜，白云生处有人家。停车坐爱枫林晚，霜叶红于二月花）的现代版《车行》就是现代都市日常出行的真实写照。

堵车，常态化！

雾霾，常态化！

流感，常态化！

隔阂，常态化！

焦虑，常态化！

……

城市越大，这些常态化就越多越紧密，也就越"围城"。城外的拼命往城里去而且是真的都来了；城里的向往着清新乡村生活但几乎没有人愿意回去了。他们只是向往而已，回不去了。清新的生活不只是空气和原生态食物，还有很多很多基于便利的需求。所以，尽管我们讨厌堵车、讨厌喧嚣、讨厌人情淡漠、讨厌饮水苦涩、讨厌空气污染、讨厌前胸贴后背地挤车挤电梯……但我们已经习惯了网上预约订餐、网上购物、刷二维码，习惯了喝酒、喝茶、喝饮料的社交模式，习惯了一切跟城市便利有关的东西，因而我们即使内心深处时不时地涌出对乡村宁静、清新生活的向往，也只不过是一时的。大多数时候，我们还是沉浸于都市生活的便利。

看起来勤奋的我们，依然在内心深处向往乡村的静谧和单纯。因为那是我们现在住在城里的80%左右的人的故乡！是我们这些人的祖籍地，是生我养我的地方。20世纪80年代那首被费翔唱红并风靡中华大地的《故乡的云》还时常在我们耳边响起：

天边飘过故乡的云，

它不停地向我召唤。

当身边的微风轻轻吹起，

有个声音在对我呼唤，

归来吧，归来哟，

浪迹天涯的游子。

归来吧，归来哟，

别再四处飘泊……

可是，基于惰性的便利使得我们回不去了，回不到有乡愁的地方。乡愁，也真的变成了到了城里之后，各种人群中一种难以挥去的愁绪、心痛，也是一种思念、一种向往。

眼看着城市一天天变高，马路一天天变干净，人流一天天变拥挤，生活一天天便利……而广大的乡村尤其是远离大城市，坐落在山沟沟里的乡村却一天天变老、人越来越少，不少原先人口超过两千人的乡村，小学校已经关门了，那些人口更少的小乡村小学校更是早就没了……乡村人烟稀少，村里都是留守老人和孩子。村容村貌有种很凋敝的感觉，除了盖了一些新房以外。许多的老房子有的已经年久失修，有的已经残垣断壁，有的房前屋后长满了野草树木……这些都是乡村萧条破败的真实场景。这些村容村貌对现在城里四五十岁的中流砥柱而言，是一种感伤：他们的儿时回忆都在青山绿水之间、在瓦舍井然之间、在邻里互助之间、在鸡犬相闻之间。而如今每年一度的春节返乡，耳边除了鞭炮的"噼里啪啦"声，除了来自全国各地的车辆声，除了互相问好的嘘寒声，除了一成不变的喝酒声……都是苍凉和萧条，都是斑驳和破败，都是逃离和叹息，都是恭维和攀比。

这样的乡村，我们心底的乡愁。

怎么办？我们还回得去吗？

问题回归到发展的本质是什么？

每个个体对幸福生活的诠释是不一样的，但总体上是一种获得感，一种取得预期成就的满足感，一种被认同被欣赏的愉悦感，一种被尊重的体面感。所以，发展的本质也就是个体的幸福感。

发展的开始，是为了满足人最基本的生存需求——吃饱穿暖。后面随着发展，个体对安全的需求，对成就的需求，对地位的需求和对尊重的需求都会逐步增加并增强。在这个过程中，不同阶段享受着不同的幸福感。

因此，如果一种发展只是物质的发展，而给生活带来雾霾、堵车、污水、焦虑、烦躁、忧愁……那么这样的发展下我们还有幸福感吗？

我们经常说的诗意生活，绝对不是三公里的路堵上一两个小时的堵城生活；绝对不是桶装水烧水喝的城市生活；绝对不是出门好赖都要戴着口罩的都市生活；绝对不是像沙丁鱼罐头那样的地铁挤车生活；绝对不是……

既然回不到乡村那种宁静的田园，那么我们就必须想想怎样才能两者相协调：生态的城市和便利的乡村，两者互为补充，使得生活在其间的人们舒适而幸福！

这就是生态文明建设的根本要求和根本目的。

一部人类文明的发展史，就是一部人与自然的关系史。在漫长的人类发展过程中，人类对自然的索取似乎是无度的，才会导致今天城市生活中种种问题：空气污染、水污染、重金属污染、各种流行性疾病、各种致命性疾病，堵车成常态、焦虑成常态、熟悉的陌生人……因此，改变人类一而再，再而三对自然的无尽索取，采取对自然更加友好的发展方式，才能够使得人类本身的发展更加适合对幸福生活的追求。

人类的发展是否能够绕过先污染后整治的陷阱？似乎很难！

每个人都向往美好的生活，而美好的生活首先要在物质上取得一定的积累，这是人性所致，无法逃离。而城市是人们初始获得物质基础的重要载体。从本质意义上讲，城市是人类最环保的居住方式选择。因为城市能够提供人们便利生活的一切，能够实现人们最大愿望的物质基础积累，从而实现人生的阶段性目标。

因而，城市成为人们竞相进入的目的地，成为人们离开乡土走向便利的，走向人生阶段目标实现的重要场所。城市给了劳动大众各种各样的机会，各种各样的生活需求，同时工业化和后工业化也给城市带来了各种污染、各种疾病和各种焦虑烦躁。一旦城市太大，因通勤时间长带来的焦虑和拥挤带来的烦躁，无时无刻不在折磨着城市里的人。

既然不能够绕过先污染后治理的发展路径，那么在我们取得了一定发展的基础上，好好地规划，更好地、更能够与自然协调地发展，就成为了可持续发展的必然。

构建自然资源资产产权制度、国土空间开发保护制度、空间规划体系、资源总量管理和全面节约制度、资源有偿使用和生态补偿制度、环境治理体系、环境治理和生态保护的市场体系、生态文明绩效评价考核和责任追究制度八个方面的制度体系，必将为加快推进中国生态文明建设打牢制度桩基，夯实体制基础。强调坚持节约资源和保护环境的基本国策，建设生态文明，是关系人民福祉、关乎民族未来的长远大计。

县与县的关系

根据相关统计，截至 2019 年 12 月，中华人民共和国共有：

省级行政区：34 个；

地级行政区：333 个；

县级行政区：2846 个；

乡镇行政区：38734 个；

村级行政区：691510 个。

从上面的表述可以看出，县级行政区处于中间位置，向上连接着地级省级，向下深入乡镇村庄，起到承上启下的作用。对一个体量庞、大人口众多的国家而言，县级起到了非常重要的作用。政令的上情下达很重要，民情的下情上传也同样重要，因为只有民情得到上传，才能制定出合适的政令予以下达。这个时候，县级就起到了重要作用，因为县级靠近乡镇村庄，接地气，才能把下情更好更准确地上传给最高决策层，以便做出合理的决策。

一句话，县级行政单位在中国的行政决策层次里，起到的重要作用在于下情上传和上情下达，是中国最重要的行政单位，是国家经济社会建设的中间枢纽。平均而言，每个县级行政单位承担着约 14 个乡镇级单位和 240 个村级单位；每个县级行政单位平均人口大约 50 万。

而在一个省级行政区内，各个县之间的关系是什么呢？

是互相竞争的关系，是做得好能够得到更多省级单位"划拨"更多资源的关系，是其行政长官前程和前途如何的关系，是中国民间对"父母官"评价褒贬的关系……正像文一在其《伟大的中国工业革命》[1]一书中提到的："任何政府官员如不能找到为当地人们带来物质财富的方式将会被认为不合格而遭到淘汰。"也就是说，一个县级的"父母官"，如果没有使地方百姓得到经济发展的财富，那么他就是不称职的不合格的，是要被淘汰的，也就不能得到升迁，不能去当更大的官。

县域竞争

我们可以把一个县视为一个庞大的购物商场，由一家企业（县政府）管理。租用这个商场的客户可以看作是投资者。商场的租客交固定的最低租金（相当于地价），加上固定比率的分成租金即扣点（每年的税收）。

1　文一．伟大的中国工业革命．北京：清华大学出版社，2016.

因为分成有多有少（激励作用），就会导致商场的主人（县）对租户（投资者）的选择很看重，并且为租客提供多方面的服务。正如商场对那些有号召力的主力店有不少优惠条件一样，县对重要的投资者也会提供不少的优惠条件，导致不同县之间为了争夺重要投资者而展开各种竞争。

那么，对整个国家而言，2800多个县级行政区相当于2800多个商场，为了吸引主力投资者，都会想方设法地提供更多的服务、优惠。而投资者在一定时间内的数量和质量毕竟是有限的，于是很多县就不可避免地为了吸引类同的投资者而引发县与县之间的激励竞争。这个利益激励关系不仅仅使县能够获取一定额度的税收留存，还能够获取一定比例的吸引投资的佣金。

更重要的是，县的上一级机构为了能够获取更多的税收（用于各种社会开支），对县一级的管理基本上以经济利益为主要绩效指标。当然，县一级的官员升迁也跟经济发展程度有关。所以，县一级的经济发展，既有外部其他同层级别的县对类同投资吸引的激烈争夺，又有上层考核的压力，于是不同商圈直接激烈竞争的情况，在中国的县与县之间全面展开，引领了中国经济的快速发展，创造了40多年来的经济发展奇迹。

当然，竞争不仅仅是在县级行政区之间进行，其实是涉及所有行政级别的范围，甚至还超越了中国的国界，包括中国与东南亚的竞争，中国与日本、韩国的竞争，中国与欧洲的竞争，中国与北美的竞争等。

就国内竞争而言，东部的省份显然在争夺重要的投资者方面具有领先优势，南方的省份相对于北方而言，具有更多的资源吸引投资者。省与省之间的竞争，其实也相当激烈，比如经济发展的最重要指标之一

GDP 的排名，广东和江苏的竞争一直都或明或暗地较着劲；人均 GDP 的竞争，江苏和浙江也一直较着劲。每年的 GDP 排名，不仅仅是每个省的居民有多大的自豪感，对于每个省的官员尤其是主要领导人，那是相当重要的，每年春天的全国人大和政协会议期间，这些都是他们能够获取更多国家资源支持的重要条件，当然也会承担更多的义务与责任。

随着中国经济的发展，内陆省份在基础设施建设和思维方式方面发生了巨大变化，经济发展也取得了长足进步。而沿海地区的经济发展开始受到了地价、产业环境、用工成本等多方面因素的制约，于是开始了中国不同省份之间的产业转移与升级。近 10 年来不断升级的沿海地区"用工荒"现象，就是内陆经济发展和产业转移的最明显证据。

总体来看，竞争覆盖了所有的行政级别范围。县与县之间的竞争，由于土地作为县的最大资源 / 资本和投资最重要的落地执行，成为所有竞争层次中最激烈的部分；而乡镇和村之间的竞争，由于涉及中国广泛的低收入阶层，乡镇和村干部，具备最接地气的身份，因而也成为推动县与县之间竞争的得力助手。他们多数是本地人，都是乡里乡亲的人，如果自己所在的乡镇和村庄不能发展好经济，或者输给其他的乡镇和村庄，他们会感到没有脸面见父老乡亲，也没有成就感。

张五常关于县与县之间商业竞争的三个"火上加油"：

"不同的地区层面是垂直或上下串联，同层或左右不连。这是同层的地区互相竞争的一个主要原因，而由于县的经济权力最大（对土地的处置权力），这一层的竞争最激烈。火上加油，权力的界定原则无处不用。县的地理界线划分当然清楚，而县干部的权力与责任的划分来得那么清晰，今天的县无疑是一级的商业机构了。性质类同的商业机构互相竞争，是县与县之间激烈竞争的另一个理由。"

"再火上加油，县干部的奖赏按成绩算。政治游戏与贪污无疑存在，但这些行为，就是先进之邦的市场经济中的大商业机构也有……"

"一九九四年全面引进的产品增值税，又在火上加油。那是佃农分成。我早期的论著指出，在佃农制度下，地主关心农户的操作履行比固定租金为甚，因为地主的收入如何要看佃农的工作表现……县的制度对鼓励竞争犹有过之。这是因为县要对上层作交代或报告。上层不仅鼓励竞争——甚至强迫这竞争的出现。说到底，75%的增值税是上层收的。这是层层承包促长竞争的激烈性的原因。"

正是因为不断地"火上加油"，促使了以县与县之间商业竞争主导的中国不同区域之间的发展竞争，才创造了今天的中国经济发展奇迹。这些竞争不是无序的市场竞争，而是在中国共产党强有力的指导下推进的，虽然期间经过了不少曲折。凡是不抱偏见与傲慢的眼光看问题，只要以发展的眼光看问题，都会惊叹于中国 40 多年来取得的伟大成就。

所谓"中等收入陷阱"

我们知道，经过改革开放后 40 多年的高速发展，中国经济社会发展进入了从数量到质量的阶段，进入了由生存向发展的阶段。每个人和每个群体，随着自己经济能力的提高，参与社会方方面面的意识随之增强，代表群体发声的愿望也更加强烈，于是社会矛盾因利益的不均而形成，相互之间缺乏沟通和协调，势必引起阶层之间的互相指责，乃至于引发冲突，从而引起社会动荡。而经济社会一切向好的发展，一定是基于社会稳定和社会信任而进行的。没有稳定和信任，陷阱的发生也就不可避免了。

陷阱的发生是贫富分化的结果，是社会流动路径堵塞的结果，是底层社会保障缺失的结果，是社会经济发展结构转型升级不畅的结果……是发展不平衡的结果。所谓"同苦不能同甘"是也，所谓"不患寡而患不均"是也。"均"是层次的，不是简单的平均，而是机会的均等，发展环境的均等，是一个相对平等的概念。

如果在经济发展从生存型社会转向发展型社会之后，不能有效解决"高耗能、高污染、高成本"的发展模式，不能有效解决社会底层生活保障的问题，不能有效解决腐败导致的权力寻租问题，不能解决社会各阶层向上流动的问题，不能有效解决收入差距扩大的问题……高收入阶层认为他们财富的"理所当然"与低收入阶层"苦苦挣扎"的愤懑之间，"王侯将相宁有种乎"的心理，必然会产生激荡社会矛盾的力量。而这些具有破坏性的力量，将会摧毁整个经济社会的稳定和信任，最终使得整个经济社会陷入恶性循环的停滞状态甚至倒退，更加恶性的结果是将会在不同利益集团之间争权夺利而导致内乱甚至内战。这样的例子在南美、在中东、在北非仍在不断上演。

因此，经济社会发展到生存向发展阶段后，"不患寡而患不均"成为社会中最重要的思想意识，"患不均"造成的社会阶层之间的矛盾与冲突，就是形成"中等收入陷阱"的根本原因。

纵观那些陷入"中等收入陷阱"的国家发展情况，几乎都经受了"华盛顿共识"的经济自由化和政治自由化。而自由化的结果是发展中国家关系国计民生的大型国有企业被私有化。

这样的私有化，只能导致社会收入差距的急剧扩大，导致既得利益集团更加资本化，导致社会大众更加贫困化，并最终导致社会各种矛盾的激化，演变成为社会思想的混乱、社会秩序的混乱，演变成为经济徘徊不前甚至倒退的"中等收入陷阱"的旋涡越来越大。而那些信奉"新自由主义"的美国豢养出来的各种经济学家，在他们的鼓吹下就达到了"华盛顿共识"的目的：把别人搞乱套了，就没有力量能够对美国独霸全球的战略进行制衡了。这些例子在《一个经济杀手的自白》[1]一书中早就真实涌现：

"经济杀手（Economic Hit Man，简称EHMs）是指那些拿着高薪的、顶尖的专业人士，他们从世界各国攫取了数以亿计的金钱。这些钱，通过世界银行、美国国际开发署以及其他国外的援助机构，装入美国各大集团公司的金库和少数控制全球自然资源的显赫家族口袋中。经济杀手用尽各种高明手段：伪造财政报告、操纵选举、贿选、敲诈、色诱乃至谋杀。他们玩的是美国'帝国霸权'时代一开始就有的'老把戏'，在

---

1 约翰·帕金斯. 一个经济杀手的自白. 重庆：重庆出版社，2011.

经济全球化时代，其规模空前庞大，令人恐怖。我清楚这一切，因为我曾经就是一名经济杀手！"

"我们所做的一切看起来是那么的冠冕堂皇。而所有的这一切，包括我们的形象都被公众接受了。这就是全球帝国体系运转的精髓所在……无论如何——这是一个极大的谎言——如果我们失败了，另外一群更加心狠手辣的人就会出手。我们这些经济杀手把他们称作'豺狼'——直接继承了早期帝国主义特有传统的那群人。'豺狼'潜伏在黑暗的角落里，随时准备动手。一旦他们出手，发展中国家的领导人就难逃厄运——不是倒台就是在'暴力冲突'中丧命。一旦'豺狼'们意外失手，比如阿富汗和伊拉克，年轻的美国战士才会出马，杀戮疆场，为国捐躯。"

"我还意识到，我的大学教授其实完全明白宏观经济学的本质：多数情况下，帮助一个国家发展经济，只会让处于该国社会经济结构'金字塔'上层的少数人变得更加富裕，对处于社会底层的人们却毫无帮助，甚至会让他们陷入更加深重的贫困之中。"

简言之，所谓的"中等收入陷阱"就是西方世界新自由主义经济学家、政治学家、经济杀手以及"豺狼"们共同制造出来的陷阱，其目的就是实现美国资本对全世界的利益的掌控。所以，社会上时不时有人拿"中等收入陷阱"说事，本质上是对新自由主义"华盛顿共识"的真实无知或者是恶意无知。

▎第二章　稳定金融

金融到底是什么？

金融到底是什么？

从货币产生的过程看，金融的核心是货币，而货币是价值交换的中介物。陈志武（著名华人经济学家，耶鲁大学终身教授）在其著作《金融的逻辑》[1] 一书中，对金融做了这样的定义：

"金融的核心是跨时间、跨空间的价值交换，所有涉及价值或者收入在不同时间、不同空间之间进行配置的交易都是金融交易。"

"货币就是如此。它的出现首先是为了把今天的价值储存起来，等明天、后天或者未来任何时候，再把储存其中的价值用来购买别的东西。

1　陈志武. 金融的逻辑. 陕西：西北大学出版社，2015.

但，货币同时也是跨地理位置的价值交换，今天你在张村把东西卖了，带上钱，走到李村，你又可以用这钱买想要的东西。因此，货币解决了价值跨时间储存、跨空间移置的问题。货币的出现对贸易、商业的发展是具有革命性的创新。"

简单通俗地说，金融是做"钱（货币）"的生意，利息或股息对储蓄者或投资者而言是他的"钱（货币）"被使用所得到的收入，对"钱（货币）"的使用而言是使用"钱（货币）"所应付出的使用成本。

我们知道，人类的个体生命维持靠的是血液在人体里的循环。使用呼吸系统，将氧气通过血液输送到身体的各个部位，以实现大脑思考、做出动作等行为，从而实现人类与外部世界的互动。如果个体生命的血液出现了问题，不能正常地循环，那么轻则出现头晕头疼，重者甚至会导致休克和死亡。

金融之于经济体犹如血液之于生命，金融是经济体得以发展和壮大的"血液"，如果这个"血液"出了问题，那么经济体必然会出现问题。轻则经济停滞不前，重则引发金融危机乃至经济和社会危机接踵而来。

我们知道，只有血液健康流畅，才能够有健康的身体；同样地，只有金融健康，才能有健康的经济体。历史上层出不穷的因债务引发的经济危机，绝大多数跟金融的不健康有密切关系。尤其是现代以来，金融脱离了金本位之后完全就是依靠国家信用来支撑，金融日益受到资本所有者的控制，因其资本的逐利性和眼花缭乱的复杂性和欺骗性，金融的健康程度日益遭到资本的破坏，因此引起的金融危机破坏性就更加广泛和深刻。

罗伯特·希勒（2013年诺贝尔经济学奖得主）在其著作《金融与好的社会》[1]一书中写道："过去10年间新闻报道的大小头条——从安然和萨蒂扬管理层暴露的问题到今天麦道夫[2]之流的诈骗行径，似乎都证实了金融体系的问题确实就是金融资本家。"

简单地说，如果一个国家的政府对金融行业疏于管理和监督，甚至把金融交给充满私欲的资本家集团去管控，那无异于让黄鼠狼给鸡舍当保安，无异于监守自盗，无异于与虎谋皮。金融必须置于国家的严格监管之下，才能最大限度地发挥金融在经济运行中的作用，才能造福广大的普通百姓，而不是为了富人锦上添花！更不是为了富人"为富不仁"，为虎作伥！

1　罗伯特·希勒. 金融与好的社会. 北京：中信出版社，2012.

2　伯纳德·麦道夫是美国华尔街的传奇人物，曾任纳斯达克股票市场公司董事会主席。多年来，他一直是华尔街最炙手可热的"投资专家"之一。他以高额资金回报为诱饵，吸引大量投资者不断注资，以新获得的收入偿付之前的投资利息，形成资金流。这个骗局维持多年，直到2008年次贷危机爆发，他面临高达70亿美元资金赎回压力，无法再撑下去，才向两个儿子，也是其公司高管坦白，其实自己"一无所有"，一切"只是一个巨大的谎言"。麦道夫的儿子们当晚便告发了老爸，一场可能是美国历史上金额最大的欺诈案这才暴露在世人眼前。麦道夫骗局就是典型的"庞氏骗局"。

金融的作用

今天，我们已经没有人怀疑金融对经济生活方方面面所起的作用了，虽然我们现在似乎都没怎么用到现金，但实质上我们只是使用了更为先进的支付方式罢了。现代金融已经成为我们生活不可或缺的一部分：收入、消费、储蓄和投资构成了整个社会经济活动的全部场景。

我们通过付出自己的体力和脑力劳动，获取属于我们自己可以支配的收入，主要是货币收入，也还有一些物质性的收入。我们用收入购买生活所需的各种消费品，还购买一些服务来提高自己的能力，当然还要购买自己的资产以实现一定程度的保值增值。我们还用收入的一部分进行储蓄，以备不时之需。当然，我们还会用收入的一部分购买保险，以备未来可能存在并发生较大风险时能够应付自如；我们还会用一些收入进行投资，期望得到更好的回报……

劳动者付出劳动之后有收入是很自然的事情，但企业为什么能够有收入而且还在不断扩大收入？

除了企业所有者的努力和勤奋之外，企业的快速发展也离不开金融的作用。俗话说得好：快速发展的企业永远都缺钱。是的，钱多钱少是一个相对的概念，但企业要取得快速发展，仅仅靠着企业投资者的自有资金，是远远不够的；靠着从亲戚朋友那里借钱来发展，总有借不来的时候。因此，从金融行业"借钱"成为企业快速发展的重要源泉。企业可以通过向银行借款，增加企业的投资来扩大产能；企业也可以通过证券市场发起 IPO 实现企业上市融资获取资金，用以扩大企业的规模；企业还可以进行公开发债融资，来扩张企业的市场规模；等等。

正是因为企业不断发展带来的收入，才使得作为劳动者的个人也不断增长收入。收入的增加带来了消费的增加、储蓄的增加，同时也必然带来投资的增加。个人的收入扣除消费之外的剩余，有的变成了储蓄，成为银行机构的存款，银行用这部分剩余变成企业贷款，从而推动企业的发展；有的变成了个体的投资，可能投资于某个自己看好的企业，也可投资于某个企业发展基金，还可能自己投资于某项研究，或者投资于自己和家人的教育……

最明显的一项投资就是购房。

在中国，购房是一项投资，是关系到财产的投资。不像租房纯粹是消费，购房在中国人的历史记忆里是成家立业的重要体现。因为在中国的传统文化里，家的概念是拥有自己的房子，有了自己的房子才能真正算得上长大了，真正脱离了原生家庭而成立了一个新的小家庭。

就今天而言，购房者90%左右都使用了银行按揭（一种金融产品），实现了"居者有其屋"的成家立业的梦想；因为这40多年来，居住在各类城市里的大约四分之三的人都是来自农村，成为各种大小城市的新城市人，成家立业成为绝大多数人的人生目标与追求，所以买房成为头等大事。如果仅靠自己和家人的收入，根本无法实现购房的宏伟目标。这个时候，金融工具就派上了大用场，成为千千万万"进城一代"购房置业的首选。

20多年前，人们购房基本上还是靠自己的积蓄和亲戚朋友的借款，觉得向银行贷款是件丢人的事情，而且感觉银行的利息好贵！而现在大家购房，基本上采取银行按揭，首先是不欠人情，利息其实也不算高。其次是还可以提前实现安家立业的愿望。在一定的银行按揭压力下，年轻人的奋斗冲劲更足，培养起"自食其力"的艰苦奋斗精神。

从上面的叙述，我们可以看出，金融的作用很明显，它能扩大企业规模并增加劳动者的收入，还能因增加投资而带来更多的投资收益。综合金融在经济活动过程中的作用，将其概括为以下三种：

①金融是一种信用，也是一种约束：信用成为现今人们很重要的一种需求，尤其在经济生活之中。信用有污点的人，会被限制高档消费、限制乘坐飞机、高铁等，更不用说能够获得银行贷款了。对个人来说，信用是一种被人信任的感觉，能够使得自己有自信，能够在社会生活感到氛围融洽，从而给自己开展各种生活的、经济的活动带来便利。信用对企业来说，有信用的企业能够获得大众的认同、获得员工的认同，从而在市场竞争中获得较好的企业发展氛围。难以想象，没有信用的人和没有信用的企业，在今天金融已经这么深入日常生活的社会中还能有多少的立足之地，还能有多少的发展空间！

②金融是一种杠杆，也是一种尺度：大部分人最熟悉的按揭贷款，就是一种金融杠杆行为。一个人原先只有30万元现金，但想买100万元的房子。通过银行按揭贷款70万元，完成了一次购房从而成家立业。这就是杠杆，这个例子里面的杠杆资金是70万元。银行做出贷款70万元的决定是基于贷款人的各种条件给出的。这些条件包括个人信用、个人与配偶的收入水平和稳定状况（甚至还有直系亲属的收入状况）、个人的财产情况等。这个按揭贷款是有尺度的，不可能是任意的。尺度的

大小根据贷款人本身的情况做出。大家都知道，按揭是要分期偿还的。怎样把握一种合理的杠杆尺度，对每个个体和企业来说都很重要。我们经常听说的某某人贷款的房屋被司法拍卖了、某某企业的银行账户被查封了等，很多时候都是杠杆的尺度太大了，大到了个体和企业的流动资金不足以偿还债务。

③金融是一种财富，也是一种负债：就像上述的按揭贷款，它既能给借款人带来资产的增加，也同时给他带来负债的增加。我们看一个人或一个企业的财富，不仅仅看他的财富规模有多少，还要看他的债务水平是怎样的。对一个人或一个企业而言，合理的适当负债没有问题，但负债过高很容易在不确定的未来面临着巨大的风险。个人或企业在举债的时候，通常都是根据目前的情况判断未来的发展趋势，多数时候都是做出相对乐观的预期。但现实的情况是，未来是最不确定的，因此有一个良好的防范意识是必要的。在对待债务这件事情上，时刻盯着杠杆尺度，是一个明智的选择。所谓信用破产和资不抵债，基本上就是杠杆过高导致的企业现金流枯竭，使得个人或企业破产与倒闭。这里说到现金流，可以比喻为人体的血液：人体的血液不流动了，那也就离去见"上帝"不远了，企业也一样。很多资产数十数百亿的企业，可能因为区区的数亿现金流问题而坍塌。这种情况，在很多那些看起来发展很快的企业里经常存在。这也解释了为何很多企业是倒在发展的路上——因为负债发展的杠杆尺度太大。

金融创新的本质是什么?

经济社会的发展离不开金融,金融是经济社会运行的血液,也成为经济社会发展的重要组成部分。现代金融已经不再是简单的借贷和利息收取,而是已经成为快速发展不可替代的"撬棍",就像古希腊物理学家阿基米德说的,"给我一个支点,我就能撬起整个地球"那样。金融发展随着时代的发展而发展,创新而创新。

金融需要创新,才能够适应不断发展的经济。通过使用金融工具,可以化解经济发展过程中出现的阶段性问题。对一个经济体而言,经济的发展总是在通胀和紧缩之间循环。调控得当是一种循环向上的发展趋势,调控不得当则可能会发生恶性循环导致发展停滞。

从宏观层面看,一国央行对金融的调控主要通过货币政策进行,通过对货币供应量的变动影响供求关系,从而影响经济运行的轨迹和方向。货币政策分为扩张性货币政策、紧缩性货币政策和稳定性货币政策三种。货币政策工具是中央银行为实现其货币政策而采取的调控手段。大部分市场经济国家的货币政策工具有存款准备金率、再贷款利率、公开市场业务和窗口指导四种。

二战后经过 20 年的恢复与高速发展,从 20 世纪 60 年代末开始西方主要国家的利率开始上升,70 年代的石油危机更使得国际金融市场的利率"大鹏一日同风起,扶摇直上九万里",金融市场的投资者必须面对汇率和利率双重高风险。汇率的大幅波动和利率的扶摇直上,使得股票市场也是动荡不安,这就使金融避险的要求成为很重要的命题。

作为新兴风险管理手段的以期货、期权和互换为主体的金融衍生工具应运而生。进入 20 世纪 80 年代后，美、英、日等发达国家不断放松金融管制，实行金融自由化措施，创造更为宽松的金融竞争环境。这一方面使得利率、汇率等市场行情更加频繁地波动，规避风险的要求进一步扩大；另一方面为新市场的创立和新业务的开展提供了更多的机会和可能，从而促进金融衍生工具的持续发展。当然，通信技术和电子计算机信息处理技术的飞速发展，对金融的创新起到了至关重要的作用。同时，非银行金融机构的飞速发展，加剧了金融市场的竞争，也导致了金融衍生工具的快速发展。而新自由主义经济学家弥尔顿·弗里德曼的《货币需要期货市场》的论文为货币期货等金融衍生工具奠定了理论基础。

常见的金融衍生工具有期货合约、期权合约、远期合同和互换合同四种。事实上，金融衍生工具的诞生是为了规避金融市场的风险，但是后来这些金融衍生工具本身变成了最大的风险所在。究其原因，本质上就是各国政府放任金融自由主义发展的结果。

金融监管的严重缺失是导致 2007 年美国次贷危机进而引发 2008 年全球金融危机的根源所在。

那么金融创新的本质是什么？

简单地说，金融创新的本质就是加杠杆！就是按照你目前的信用条件无法从金融机构获得贷款，那就创造条件让你可以获得贷款；你目前只能够获得 10 万元的贷款，但你想要贷款更多，那么再创造条件让你可以贷得更多。至于那些对冲风险等设置，会在人性的自私和贪婪之下变得无足轻重。这个时候，只有严格的、有执行力的监管才是遏制自私和贪婪的重要内容。

2008 年全球金融危机的根源

要寻找 2008 年全球金融危机的根源，需要从 10 年前的亚洲金融危机说起。

从 1970 年代开始，国际资本尤其是美国资本不断注入亚洲，经过 20 年的高速发展，出现了外向型经济发展很好的韩国、中国台湾、中国香港和新加坡等"亚洲四小龙"，以及泰国、马来西亚、印尼和菲律宾等"亚洲四小虎"。还有堪称大国的日本，同时庞大的中国和印度也开始了发展的征程。

在亚洲经济发展的奇迹中，一些国家加快了改革开放的步伐，放松了金融管制，资本项下可以自由兑换，外国资本可以自由进出。这样，国外的资金、技术项目加速进入，经济过热的速度也在加快，各国股市、楼市、币值飙升。国际游资蜂拥而至，向亚洲大规模集结，进入股市、楼市和汇市，泡沫急剧泛起。

1997 年香港回归之后，美国金融资本以乔治·索罗斯为首的量子基金等机构，利用泰国房市高涨和外汇储备有限的条件，先以大量的国际游资集结进入泰国金融市场，开始买入泰铢、借入泰铢、抛售泰铢等循环操作，制造金融市场恐慌。在国际炒家的轮番攻击下，泰国政府终于寡不敌众，于1997年7月2日宣布放弃固定汇率制而实行浮动汇率制。当天泰铢兑美元汇率下降了17%，1997年亚洲金融风暴正式拉开了序幕。这样，国际金融资本尤其是美国金融资本以泰国为突破口掀起了一场亚洲金融风暴，开始肆意收割亚洲20多年来发展的成果。

泰国之后，菲律宾比索、印尼盾、马来西亚林吉特、新加坡元、中国台湾新台币、韩元甚至日元等纷纷"闻风而降"。由于中国中央政府为香港提供了强大的舆论支持和充足的资金后盾，才使得国际炒家在香港未能如愿，香港金融市场躲过一劫。之后国际炒家向北染指亚洲北部的俄罗斯，使得俄罗斯卢布一路大幅贬值70%。1998年下半年，俄罗斯股市、汇市一路暴跌，正是这场意外使得在俄罗斯股市和债市投下巨额资金的国际炒家大伤元气，最终导致一家交易额达上万亿美元的美国著名的长期资本管理公司陷入了破产的境地，金融炒家这才收兵。亚洲金融风暴这时进入尾声。

亚洲金融危机致使"亚洲四小龙"和"亚洲四小虎"，还有日本等国损失惨重，至今很多国家的发展还未能回到危机前的水平。亚洲国家所受的灾难，却构成了国际金融资本尤其是美国金融资本最为饕餮的盛宴：

①席卷亚洲国家20多年发展财富的金融风暴是美国各个利益集团协同作战的结果，它们前面有实业公司、产业资本、金融资本的先头部队，后有专门游资的粉墨登场，再有美国舆论的摇旗呐喊、评级机构的推波助澜，关键时候政府出面撑腰，完全是大兵团作战。

②通过这一仗，美国终于发现了"金融衍生品"是一个好东西，将亚洲如此大规模的财富轻松收入囊中，并使亚洲国家一夜间回到了起飞前。它仅次于原子弹、氢弹的摧毁力，促使许多美国人财富思想发生转变：原先是通过劳动创造财富，后来通过军事战争来明抢，此时可以发动金融战争暗夺财富。

当借助现代信息技术，看看显示屏，动动手指就能够把别人花费二三十年辛苦奋斗出来的财富据为己有的时候，还有谁愿意在种植业、养殖业、制造业去辛苦打拼呢？于是，去工业化成为西方国家尤其是美国的头等大事：苦差事可以让落后国家去干，它们只要喝着咖啡、抽着雪茄、抱着美女、看着屏幕、敲动键盘就可以享受啦！

于是，资本利益集团开始在经济生活中发挥更大的作用，金融监管开始形同虚设。1998 年 6 月 5 日时任美联储主席的格林斯潘和财长鲁宾等人向美国国会施压（后面是金融利益集团撑腰），冻结了商品期货交易委员会六个月的监管权力，并于 1999 年 11 月推动了美国国会永久性废除美国商品期货交易委员会对金融衍生品的监管权。从此，金融衍生品成为和平条件下美国最强大的掠夺性国家武器。

这个时候，欧洲人似乎看到危险来临了。

一贯有绥靖传统的欧洲目睹了美国金融霸权尤其是石油美元霸权的强大和蛮横，开始琢磨着未来要怎么面对这样的局面……于是，欧元诞生了。欧元诞生的本意是为了欧洲自身的利益，为了与美元分庭抗礼。这种对美元霸权地位的挑战，欧洲人想得有些简单，而欧盟其实是一个松散的组织，岂能如此简单就做到分庭抗礼呢。美国人马上就在号称"欧洲火药桶"的巴尔干半岛制造了科索沃战争，一方面削弱了俄罗斯在东南欧的影响，一方面直接打击了欧元，使得欧元自诞生不久就半身不遂，无法发挥欧盟原先所期望的那种分庭抗礼的作用。

制造科索沃战争和打击欧元，其结果使得该地区动荡不安，那么以利益为最大追求的金融资本，统统都跑去美国市场了，于是掀起了美国金融的无限繁荣。繁荣最直接的表现就是互联网科技大发展、楼价节节攀升、股市高歌猛进。

这个时候发生了一个重要事件，就是美国的科技发展尤其是互联网科技的发展，走在了世界的前头。美国于20世纪90年代就开始了信息技术革命，并找到了新的经济增长点——互联网，并称之为信息高速公路工程。由于美国高科技时代的来临，吸引了全世界的资金如潮水般地涌入美国，涌入硅谷，涌向了在1971年就成立的纳斯达克证券交易市场，到这里来淘金。20世纪最后的两年时间里，纳斯达克指数从1000多点就一路狂奔到5000点以上。但好景不长，自2000年上半年开始不到一年，美国互联网泡沫破裂，纳斯达克指数从最高的5300点跌倒最低的1600多点，导致大量的公司破产、倒闭。当然，互联网成就了美国新的发展，打造了强势美元和创富模式，从而成为他们发财致富的"习惯"。

互联网泡沫的破裂，意味着美国金融市场也是不安全的，因而美国的资本市场也就失去了吸引力。而同时欧洲在科索沃战争之后也开始了恢复发展，显得更加安全一些，资本也就回流欧洲，造就了欧元对美元强势地位的挑战。紧接着，就是震惊世界的"9•11"事件，打破了美国"孤悬海外"最安全的神话，各路资金加速撤离美国资本市场。

这次撤离的意外收获是"退潮之后才知道谁在裸泳"，美国公司的欺诈行为陆续浮出水面：安然、安达信、施乐、朗讯科技、世通这些大跨国公司都在做假账，最后都纷纷倒下。美国面临着资金大规模外逃，美国经济神话破灭。

面临着打击美国人信心的"9·11"和美国大公司神话破灭的双重夹击，美国金融利益集团开始了谋划战争以挽回面子：美国岂能怕本·拉登等恐怖分子！资本怎么能够逃离美国！那么，最佳选择就是在足以影响世界动荡的地方打一仗。

发动这一仗，最好的地方就是盛产石油的海湾地区，最佳的目标对手就是伊拉克！因为，伊朗背后还有俄罗斯；沙特是好朋友，叙利亚石油不多影响有限。所以必须是伊拉克。这个时候的伊拉克就是最好的开战理由：不想使用美元结算石油销售和入侵科威特。其实那只是一个借口罢了，核心是伊拉克要实现去美元，结束美元的霸主地位，那还得了，必须打。开打伊拉克获得了西方世界的普遍支持（道义上支持科威特的战争行动），即使联合国坚决不同意又怎样呢，因为它是美国啊。

美国发动伊拉克战争一箭多雕：一是及时转移了全世界对美国财务丑闻的注意力。二是启动战争拉动军需。三是石油、黄金价格飞涨，刺激了对美元的需求。四是控制了伊拉克这个油库，掌握欧佩克组织，就掌握了石油美元的权力。五是战争制造的难民涌入欧洲，给欧洲社会制造动荡因素，从而影响资本流向美国。六是展示了美国在世界上的政治军事霸权地位。

战争可以化解或缓解一个时期国内的经济和社会危机，但不能从根本上改变经济的发展局面。况且战争是最消耗国力的事情，经济发展面临着失血的危险。从 2003—2009 年，美国在伊拉克整整待了六年，花费已经超过 8000 亿美元（有数据认为是这个数字的好几倍）。伊拉克战争使美国国债、财政赤字和贸易赤字放大。

怎么办？外不能挽回因金融资本的致富逻辑而大规模进行去工业化带来的贸易赤字后果，内不能填平不断攀升的财政赤字而大量举债。

于是华尔街炮制的金融衍生工具开始粉墨登场，目光瞄准了能够最大金融化的资产：房地产。也就是说，房地产成为肩负着扭转"双赤字"的历史重任。

美国人口普查局公布的数据显示，2014 年美国人自己拥有住房的比率约为 64%，而在 2004 年 6 月的时候是约为 69%。也就是说，2007 年次贷危机之前大约还有 30% 的美国人没有自己的住房。

于是，美国政府在 2000 年前后号召美国人买房。先把有房的富人搜罗一遍，让他们再买别墅，让住小房的中产阶级换大房。如果再进一步动员无房住的蓝领们买房，就会创造更大的房地产需求。

于是，为了实现美国人哪怕是流浪汉都能够拥有自己的住房，美联储采取了极其宽松的货币政策，贷款利率一低再低。使得美国政府实现了用房地产拉动美国经济，让美国经济继续保持繁荣的现实。鼓动美国穷人去买房，制造房地产繁荣。这实际上就是用制造一个更大的泡沫去堵另外一个泡沫留下的黑洞。

于是，次贷危机就这样一步一步出现了：

①商业银行放出"次级贷款"：我们都知道，贷款是有门槛的，是

需要信用的。信用级别高的、抵押物价值高的才能获得更多的贷款。这是金融机构防范风险所必须严格控制和把关的。刚开始，银行也是这么做的，信用级别高的人很快就被大量的相互竞争的商业银行给拿下了，优质客户越来越少。那怎么办呢？竞争这么激烈，还是要吃饭啊。于是，商业银行开始尝试着放宽一些条件，让信用级别相对不那么高的人也能贷出差不多的钱去购房或者换房。但毕竟有银行的各种贷款条件在那儿拦着，还能怎么办啊？造假呗。

其结果就是：信用很差的人，经过商业银行的粉饰，可以把他的信用记录填成优良，这就可以办理抵押贷款了。只不过商业银行贷给优质客户的利率是3%，而贷给信用级别低的人，利率是10%。这样的利差对商业银行就很有赚头。于是，什么零首付啊，几年之后再还月供啊，先还利息后还本金啊，一茬又一茬地收割，为的是赚取更多的利差。

就这样，办理业务的人可以多赚钱，商业银行可以多赚钱，还有谁可以多赚钱呢？当然是政府啊，赚到的是税收！来自房地产的税收，来自银行的税收，来自跟房地产有关的其他行业的税收。而信用差的人实现了拥有自己的住房，皆大欢喜！

商业银行其实是心知肚明，那些有还款能力的优质客户，根本不用愁按时还款的问题；而那些"穷"客户，按时还款的能力值得怀疑。因为让更多的人购房使得房价一路走高，而世界上本就不可能有只高不低的楼价啊，万一跌落了怎么办？这些风险可就全部压在商业银行的手里了。

②投资银行琢磨出"次级债"：于是，那些聪明绝顶的华尔街"白

骨精"（白人白领、骨子里的坏、精致利己主义者）开始琢磨着怎样把这些风险转嫁出去。这个金融衍生工具就是"次级债"。债务分多种，有优质债，也有劣质债。优质债即使利息低点儿还是有人买；劣质债其利息较高。就像信用好的人付的利息低也能借到钱，信用差的人付的利息再高也不一定能够借到钱一样。那些包装出来的"次级债"已经鱼龙混杂，无法辨别。

这个"次级债"就是住房按揭证券化。把各种较差的按揭资产进行分类打包，差中选优。把较优的那部分打包卖给投资银行，这些较优的按揭资产向购房客户收取 10% 的利息，卖给投资银行是 6% 的利率，这样商业银行赚取 4% 毛利的同时把按揭房屋的风险转嫁给了投资银行。过了一段时间，在把按揭资产里面更差的那些再次打包，同样是差中选优，以同样的方式把收取 15% 利息的客户按揭资产以 10% 的利率转卖给投资银行，从而甩掉风险……

这样，投资银行似乎是个"背锅侠"？且慢，它们可也是华尔街的"白骨精"啊，怎么能够轻易被商业银行要了呢。它们把这些"次级债"作为证券化的产品向全美民众和各类基金甚至向全世界的投资者兜售。为何那些百姓和基金会买这些"次级债"？

我们今天讨论这个问题的时候把它说成是"次级债"，而它们兜售的时候可是经过重重包装，早就不知道最先的资产是什么了，而且包装之后成为闪着金光的高回报金融产品呢，因为那个经济繁荣泡沫泛滥的年代，银行的存款利率仅仅 1% 左右，甚至几乎是零利率，有的还要收存款保管费。这样的结果就是老百姓手里的钱全部进入了各类理财基金，哪怕获得3%的回报也比存在银行强。于是，"次级债"经过众多华尔街"白骨精"粉饰之后走向了全世界。

③保险公司搞出"信用违约掉期"：投资银行其实心里还是有些担心的，自己都已经不清楚前面的东西到底是怎么回事了，就这样卖出去，将来投资者找麻烦那可真成大麻烦了。于是，它们想到了一种新的金融衍生工具：信用违约掉期。这个工具简单理解就是给投资者一种信心，扯上保险公司一起为这个"次级债"风险背书：买次级债的投资者如果担心风险的话，还可以买信用违约掉期，让保险公司承担一部分风险。果然厉害，都给"次级债"风险上保险了！要不它们怎么能够得上华尔街"白骨精"的称号呢。

这似乎就是一个连环套，一个庞大的骗局由此诞生。正当失去理性思维的金融资本集团和被金融资本利益集团控制的美国政府，沾沾自喜扬扬得意，以为这样就能够瞒天过海的时候，发生了一系列的金融机构破产事件，真应了那句"不是不报，时候未到"，可惜这个"报"并没有真实"报"在那些始作俑者，而是不恰当地"报"在了那些最广大的被利诱进来的购房者和"次级债"投资者身上。那些始作俑者已经赚取了各自该赚的钱，把破产倒闭的需要重组的公司，甩给了美国政府，最终是甩给了美国的纳税人。

天下无不散之筵席，天下亦无长涨不跌之价格。哪天还不起按揭的"穷人"再也不还钱了，那么看起来光鲜亮丽的泡沫也会随之破裂：初心歪了坏了，结果必然凄惨！

那些忘了初心的金融资本，原本应该让金融更好地服务百姓，最后却使得全美至少300万人失去房屋无家可归，使得更多的"次级债"投资者血本无归。

失去监管的金融资本，其激起人性的丑恶已经完全兽性化了。

下面来看一下引爆2007年次贷危机和2008年全球金融危机的重大事件吧。前车之鉴，后事之师，可惜人类对灾难的遗忘非常快，十年一次的危机如同挥之不去的魔咒，皆出于人性之自私和贪婪，更出自金融垄断集团的极端自私。

2007年4月4日	新世纪金融公司申请破产保护
2007年8月6日	美国第十大抵押贷款服务提供商美国住宅抵押贷款投资公司申请破产保护
2007年8月16日	华尔街第五大投资银行贝尔斯登关闭了手下的两家对冲基金，爆出了公司成立83年以来的首次亏损；2008年3月，美国联邦储备委员会促使摩根大通银行收购了贝尔斯登
2008年9月7日	美国财政部不得不宣布接管房利美公司和房地美公司
2008年9月15日	美国第四大投资银行雷曼兄弟控股公司申请破产保护
2008年9月15日晚	美国银行发表声明，它愿意收购美国第三大投资银行美林公司

续表

2008年9月16日	美国国际集团（AIG）提供850亿美元短期紧急贷款。这意味着美国政府出面接管了AIG
2008年9月21日	美联储宣布：把现在仅剩的最后两家投资银行，即高盛集团和摩根士丹利，全部改为商业银行。这样可以靠吸收存款来渡过难关了。"华尔街投资银行"作为一个历史名词消失了
2008年10月3日	布什政府签署了总额高达7000亿美元的金融救市方案

2008 年全球金融危机起源于美国金融垄断资本的自私自利，来自不负责任的政府放任自流，来自金融垄断资本操盘人的利欲熏心。各国政府为了应对汹汹来袭的金融危机，纷纷开启了 QE 进行量化宽松，于是全球流动性过剩，为下一次危机埋下伏笔。

股市崩盘，钱都去哪里了？

我们经常在一些新闻中看到类似"经过昨天的大跌，整个股市市值蒸发了几万亿"的说法。那么这些市值到底去哪里了？为什么说是市值，而不是钱？但我们普通老百姓肯定说是钱啊。准确的说法应该是市值蒸发了，而不是钱没了。

股市里有一句话挺真实的，"赚了是浮盈，亏了割了是真亏"。意思就是股市里赚了钱如果没有取现，那么就是虚的，是估值高了，是浮盈。而你投入真金白银去购买股票，亏了割肉出来，那就是真的亏了钱了。从这个角度看，是你的钱"蒸发"了一部分。

要相信再难的股市也有赚钱的股票，再好的行情也有亏死的股票。所以，股市就是"十赌九输"，考验的都是人性最脆弱和贪婪的那一部分。股市暴跌钱去哪里了？似乎大家会觉得好端端的钱怎么就没了呢？有进有出，肯定是被人赚走了吧。

其实不尽然。股市暴跌，有一部分是真的被人赚走了，而更多的部分真的是"蒸发"没了。所谓被"蒸发"没了，最核心的因素是"估值"。也就是有很多股票的"估值"水分太高，阳光下被晒"蒸发"没了。我们经常在股市里看到的市盈率大概就是这个意思。

举个例子，对"估值"这个意思就能大致明了。

比如你自己居住的小区，有 500 套房子，每套购买的时候都是花了 100 万元，那么整个小区的市值就是 5 亿元。忽然有一天，小区业主群里面发了一个消息说，某甲的房子以 200 万元的价格卖出去了，整个业主群里面大家都很高兴，感觉自己的房子更值钱了，也渐渐感觉自家的房子也值 200 万元，于是整个小区的估值马上变成了 10 亿元。如果从使用价值的角度看，小区跟原来几乎没有变化；从固定资产使用的角度看，实际上随着时间的流逝会有一定的折旧与贬损。但是，因为某甲卖出了 200 万元，整个小区的估值变成了 10 亿元。而实际上，大家心里清楚，房还是那个房，地还是那个地。也许相比之前外部多了一条公交线路吧。

又过了一段时间，经济不景气来临了。忽然一天业主群里发了一条不好的消息，某乙以低于原价的价格出售了自己的房屋，价格是70万元，那么这个时候整个小区的总价变成了3.5亿元。似乎整个小区的市值打了七折的样子。

其实股市也是一样的道理，这都是"估值"这个东西在明里暗里作怪的结果。对于那些房屋只是用来自己住的人来说，估值的高和低跟他居住的使用价值没有直接的关系。因为那些"估值"本来对他来说就是虚空的，无所谓有，也无所谓无，只是一种心理感受罢了。

但是，对那些在房子"估值"较高的时候买入房屋的人来说，以200万元买了原值100万元的房子，最后跌倒70万元的时候，那他是真的亏了。有可能这个小区的房子交易的比例占整个小区的20%，这20%的原先住户在"估值"较高的时候卖了是真的赚钱了，而那些在"估值"较高的时候买入新的20%客户，在房价跌倒70万元的时候，他们就是真的被"估值"亏钱的那一部分人了。而其他那些没有交易的客户，事实上"估值"跟他们没什么关系。

股市的暴跌"蒸发"跟房市的道理基本一样。一只股票的市值100亿元，被炒到了200亿元，实际上并不是投资者投入了100亿元导致的，其实其流动性可能只有20%，也就是说从市值100亿元炒到200亿元的过程中，只有20亿元的钱是这个过程中进去的，其他的80亿元是原先那个100亿元和后面新进的20亿元一起"浮盈"的结果。所以一旦暴跌到市值只有50亿元了，如果他们一直持有的话，那新进的20亿元肯定是打水漂了。很多投资者就会中途"割肉"，那么他的钱也就是真的从原先的"浮盈"变成了真亏。

如果这个时候，炒股的钱是杠杆资金，那保证血本无归了。因为还没跌够就直接被清仓了，连个渣渣都不剩。而那些原先拥有的市值，虽然估价跌了，但股份可是一股不少的，总有起来的时候。再说，对一个企业来说，更重要的是生产和销售，股价的高低对企业的利润没有直接的贡献，只是企业的利润高低是刺激股价的涨跌因素罢了。

所以，"估值"往往就是泡沫，就像五颜六色的肥皂泡一样。其实讲来讲去，一切商品和服务，都离不开价值规律：价格是商品价值的外在表现；价格围绕价值上下波动。一旦波动幅度太大，终有回归的那一天。

关于货币超发与 2008 年 4 万亿的思考

很多人一看到那个 M2 100 多万亿啊，多少就以为是货币超发了那么多。其实这是个错误的理解。M2 指的是流通中的现金、活期存款和定期存款三者的总和。从商品价值与货币对应的角度看，每年商品价值的上涨与货币总量上涨幅度相等的话就是合理的通胀。所以，更大幅度的通胀，通常来说跟货币增发有关。货币增发的意思就是货币流通量超过了商品本身的价值了，也就是货币贬值了，原先一块钱的东西，现在需要一块二才能买得到。M2 数量的增长跟基础货币的投放有关（增发），更跟市场上货币的流通速度有关。我们经常听到的高周转率就是货币流通速度加快了，一年内这一块钱当两块钱用，货币的流通速度增加了一倍，其为 M2 所做的贡献当然是更多了。

所以，M2 不全是货币超发的结果，这个概念要清楚。下面来谈谈 2008 年全球金融危机时刻的中国救市行动。

至今，很多学者，还有许多具备了财经知识的大众，提起 2008 年的 4 万亿救市计划，都基本上众口一词地说："做错了。"应该借助那个机会转型升级，不至于后来大力进行费力难讨好的"三去一补"（去产能、去库存、去杠杆补短板）。站在某些思维的角度看，似乎那个"三去一补"都是 2008 年那个 4 万亿的结果。

其实，从今天的角度看，正是 2008 年的那个 4 万亿，才有了今天中国经济发展更加坚实的基础：交通基础设施、通信架构的互联网基础设施、产能过剩出海铺就的"一带一路"、产业转型升级的高技术发展、振兴乡村为主导的美丽生活基础设施建设，哪一项不是铺就更加坚实的基础？

看看那个 4 万亿的投向，就能够明白这是一个正确的决定。绝对不应该以发展中的问题来否定更加长远的发展思考。果断有力的刺激方案使中国率先走出 2008 年金融危机，在之后的经济复苏中处于绝对优势地位，追赶进程大幅加速。中国的货币投放似乎量最大，但有着力点的财政政策才是货币政策发挥正向作用的根本保障，而不是只考虑货币宽松而趋向投机性产业造成经济发展泡沫。

2008 年的 4 万亿元主要投向：

①加快建设保障性安居工程 10%；

②加快农村基础设施建设 9%；

③加快铁路、公路和机场等重大基础设施建设 38%；

④加快医疗卫生、文化教育事业发展 4%；

⑤加强生态环境建设 5%；

⑥加快自主创新和结构调整 9%；

⑦加快地震灾区灾后重建各项工作 25%；

⑧提高城乡居民收入；

⑨在全国所有地区、所有行业全面实施增值税转型改革、鼓励企业技术改造、减轻企业负担 1200 亿元；

⑩加大金融对经济增长的支持力度。

在 4 万亿元投资中，新增中央投资共 11800 亿元，占总投资规模的 29.5%，主要来自中央预算内投资、中央政府性基金、中央财政其他公共投资，以及中央财政灾后恢复重建基金；其他投资 28200 亿元，占总投资规模的 70.5%，主要来自地方财政预算、中央财政代发地方政府债券、政策性贷款、企业（公司）债券和中期票据、银行贷款以及吸引民间投资等。

通过这些救市措施，我们看到 3 个月后建筑建设等行业开始复苏，6～9 个月后机械设备等行业开始复苏，9～12 个月后钢铁水泥等行业开始复苏，18～24 个月后煤炭、石油等行业开始复苏。

各行业的复苏意味着经济复苏，那经济复苏意味着什么？经济复苏意味着劳动者有活干，有活干就意味着有收入，有了收入才能够有消费，才能够使得投资生产得以实现，经济社会的发展迈入了正常的循环轨道。

我们也看到占比最高的是"铁公机"38%，它直接带动的是钢铁和水泥、机械和设备等行业的发展，也直接带动千千万万收入处于社会较低层次的农民工的收入，这是构成社会稳定的坚实基础。这也是今天中国高铁远远领先全球的根本。

来自4万亿元的各项支出，都是关系民生和国家长远发展规划的，纵然发展的过程中出现了产能过剩、能耗过高、杠杆过高的情况，但也造就了今天中国基础设施更加稳固、经济社会转型发展更加向好、投资出海更加有序的局面。

批评4万亿是容易的，但是换一个角度看，如果当时没有这项4万亿元发展规划，那会出现怎样的局面？毫不怀疑，将会出现：

①大量的农民工没有就业没有收入；

②大量的企业倒闭关停并转让；

③大量的资产闲置而浪费资源；

④大量的投资半途而废……

就不可能有今天占比大约全球三分之二的高铁通车里程；就不可能有今天占比超过一半的4G移动网络基站；就不可能有今天GDP接近100万亿元的水平；就不可能有今天全球最大的汽车销售市场；就不可能有今天全球最大的物流配送系统；就不可能有今天全球500种主要工业产品中产量第一的就有220多种；就不可能有神舟飞天、嫦娥奔月、蛟龙下海；就不可能有北斗卫星全球组网成功；就不可能有全球数千万人的脱贫；就不可能有……

所以，批评是容易，方案才是最为重要的。正因为那个 4 万亿，中国经济社会迅速走出低谷，迅速甩开竞争国家，走上了自己独特的发展之路。

所以不能人云亦云、东施效颦一般跟着西方学者后面为新自由主义"摇旗呐喊"，就像众口一词的"中等收入陷阱"那样，其实都是很多"恶意无知"所谓西式学者带节奏导致的。

看看中国救市的钱流向何处，看看美国救市的钱流向何处，你就会明白最终的结果是中国获得了经济发展更加良好的基础设施，更加稳定的社会环境，更加广阔的发展空间。救市的钱流向基础设施，相当于把货币锚在基础设施的国家信用上面。既创造了就业，还能把货币的流动性固定下来不至于流动性泛滥，同时还能为经济社会的发展提供良好的基础。

如果把增发的货币投向消费领域、投向金融机构结果会怎样？结果就是美国救市救了那些作恶的金融机构，以全美纳税人甚至是全球百姓的牺牲，让少数金融寡头及其代理人赚取超额的利益。投向消费领域，固然有助于消费促进投资生产的价值实现，但终究不能在更高的层次上获得更好的发展，同时会带来消费品市场价格的大肆膨胀，最终伤害到低收入群体的生活水平。不是说消费不重要，在不同的阶段做不同的重点选择才是最关键的。因为所谓的转型升级，它需要更好的基础条件来加持，才能够获得更好的效果。

再看看 4 万亿是通过什么政策进行的，才能明白它的效果会怎样。

通常，在经济发生危机的时候，中央政府会通过适当的财政政策和货币政策进行经济发展的干预。那么这两种政策，是偏向于哪一个呢？也就是说经济危机发生时，是实行货币政策救市还是财政政策救市？以哪个为主？

我们都知道，资本化的货币有趋利性，如果危机发生后，一个国家的政府以货币政策来主导，必然导致货币流向能够获得更多收益的投机性行业，比如金融市场之股市、比如民生物资之柴米油盐等，其结果必然是股市投机性大幅涨跌，民生日用消费品物价飞涨，给整个经济社会带来动荡，反而对整个经济危机的处理是非常不利的。

而一个国家的政府主要采取财政政策能够起到良好的化解危机的作用：一个负责任的政府，它应该知道一场经济危机之后的民生在哪里，就把财政政策往哪个方向去；这些方向使危机中受害最深的人也是收入处于社会中低层的，能够稳定地得到就业和收入，从而稳定整个社会的情绪，达到缓解危机并最终消除危机的目的。

当然，财政政策需要货币政策的支持，才能够取得好的效果。也就是说，货币政策只有通过财政政策才能实现化解危机的能力。单纯依靠大水漫灌是不负责任的，而且极有可能演绎成少数人趁着危机进行一次对普通大众的财富收割。因此，需要一国政府审时度势地找准发力点进行精准施策，找准真正的民生和社会痛点予以解决。

我们看到，不知道是无知还是故意或者恶意，按照西方新自由主义经济学的观点，信徒们一遇到经济危机就说流动性不足，就怂恿或鼓励其中央银行开闸放水，实施貌似无差别的货币政策。让货币在市场中不受限制地运行，认为市场对资金的需求可以做出最好的选择。新自由主义认为时间能够解决一切，供求能够抚平一切。无数的教训都证实了市场在很多时候是失灵的，尤其在经济出现危机和萧条的时候更是如此。说白了，新自由主义思想就是一种基于少部分人利益不负责任的经济思想，实质上就是崇尚自然界的"丛林法则"，是市场失灵的罪魁祸首！"华盛顿共识"的失败就是最佳的证明。

所以，面对各种各样的基础设施投资，面对投资拉动经济发展的评价不要那么庸俗，至少要从两个方面进行思考：

①投资是否关系到未来长远的发展，而且目前来看还是不足的！

②投资是否关系到眼下的民生，而且能够起到稳定社会发展的良好预期。

如果这两个方面都能做到，那么投资拉动经济发展还有什么问题吗？不能片面强调经济发展要以消费为主导：如果是一辆三轮车，前面的那个方向轮出现了问题，也应该是具体问题具体分析。方向轮也许在经济刚刚发展的时代是对外贸易，而经济发展到一定阶段之后是投资主导，再到后面可能是消费主导。而且投资面临着基础设施更新换代，企业和家庭固定资产投资一样也会面临更新换代。所以，经济发展到一定阶段之后，投资和消费是不可偏废的，都有着各自的作用。投资能够成为很多中间产品的消费来源，而终端消费能够实现投资的最终产出。

总结一下4万亿的问题，换个角度思考问题，如果没有这4万亿的投入，我们的经济社会建设会出现什么问题？捋一下问题就会发现，这4万亿投资并不是被认为是"错误地"用钱购买了GDP的增长。今天的事实证明，那 4 万亿就是我们成为全球第二大经济体、实施"一带一路"倡议和迈向中华民族伟大复兴的坚实基础。

再说中国广义货币 M2 的锚——基础设施投资

2008 年救市 4 万亿饱受诟病，那是用西方新自由主义经济思想思考问题的必然结果，已经被证明是错误的诟病。中国经济发展过程中，投放了大量的基础性货币，为何没有引发大规模的恶性通货膨胀呢？

我们知道，如果市场上商品的价值和市场上流通的货币面值是一致的，那么就不存在通货膨胀这个说法。但经过发展的经济，总要比前一个年度生产更多或者更好的商品与服务，那么市场上的货币数量也要同样增长才能实现等价。如果总是以等价的形式出现，那谁还要搞科技创新、制度创新呢？因此，一定比例的货币增发是经济发展所必需的，尤其是经济发展向上的时候。当然，经济发展也有向下的时候，但总体上看是向上的。由于信息不对称和社会经济运行的复杂，增发的货币可能未必落入需要的地方，而且资本化的货币有趋利的特点，最终增发的货币会走向收益较高的投机领域，比如股市、房市等。这样看来，货币增发的锚仅仅是国家信用，而没有实物作为对应物来保障其币值。金本位之后的货币就是一种国家信用，美元名义上锚定了石油这种物资，但它是美国武力强大的结果，而不是美国国家信用的结果，虽然表现在金融市场上是美国的国家信用。

对中国来说，改革开放 40 多年来，逐渐熟悉了金融市场的运行法则，也增发了很多的货币，在基础设施上的投资取得了很好的投资乘数效应。尤其是 2008 年之后，中国经济的发展未受世界性金融危机的影响，而是迅速地摆脱了危机的困扰大踏步前进，在 2010 年 GDP 总值就超过了日本，随后工业产值也超越了美国，到 2018 年中国工业产值是美国、日本和德国的总和，不愧是全球制造业的中心。单纯从速度来看，2008 之后的发展并不算太快，但是这么大体量还保持较高的发展速度，就难能可贵了。这其中，在西方自由主义经济学家看来完全不符合他们的教科书的是：中国找到了扩大货币投放而降低信用风险的一条途径——发行货币以基础设施作为信用保证，而不是单纯发行基于国家信用的货币。

在早期的社会，货币是金属铸币，这些金属铸币和生产出来的产品是对称的。后来政府通过减轻铸币的重量来增加铸币的数量，相当于铸币贬值了；然后金银成为一般等价物；再后来出现了纸币，基于国家信用。所以金本位下的货币发行是把货币锚定在国库里面的黄金储备上。20 世纪 70 年代，布雷顿森林体系崩溃之后，以美军为强大后盾的美元似乎锚定在石油上面。但屡次的石油危机和一次比一次大的金融和经济危机，彻底击溃了美元的国家信用。

对绝大多数国家而言，都是发行基于国家信用的货币，有些国家的信用出问题了，其货币就会出现大规模的贬值。当然，贬值有时候也是被投机操纵的，有时候是基于贸易需求的。信用货币的发行依赖于国家信用，很容易发生巨大波动，小国不用说，国家信用很可能因为大国的一个小动作发生巨大变化。强如美国，货币信用也随时受经济形势、石油交易、大国关系等诸多因素的影响。

美元为什么能够获得如此广泛的世界硬通货能力？就是靠着强大的美军使得美元成功地与黄金和石油捆绑在一起，用这种世界性的流通货物为美元信用做背书，以及美国的科技、互联网、国际法、国内法和硬的软的国际影响力以及自身世界第一的经济体量的影响，从而在货币上获得在全世界的超然地位。

而对中国而言，不具备美国那样的各种内外条件塑造一种全世界流通的强势人民币。因此中国要发展自己的经济，要与外部的世界经济竞争，怎么保证自身的货币信用呢？只有货币信用好，才能获得至少是国内民众的支持，最终获得外部国家的信任。

具体问题具体分析的实事求是精神，可是中国人的看家本领。结合中国自身实际情况，用基础设施作为货币信用之锚：比如向市场投放人民币10万亿，大部分投在基础设施和固定资产上去，比如"铁公机"、输油管、输气管、农田水利、江湖运河、各种大型电站、南北东西电网、骨干通信网、电信基站、高技术科研攻关、航空航天开发、棚户区改造、新农村建设、城市房地产发展等，这些都作为一种资产沉淀下来，成为中国经济发展的最扎实基础，引领中国经济不断向上发展。

很多人会认为基础设施尤其是西部地区的"铁公机"是不是建多了，根本无法回收投资成本。如果单纯从投资回报的角度看，确实是一项长期的甚至是亏本的投资。但从一个国家经济发展的百年基础看，从一个国家经济发展的均衡性看，这些都是必须提前打量的，是一种发展的转移支付，是一种先富帮助后发形成社会稳定发展所必需的。

恰当的基础设施建设，能够于经济发展起到相关的作用，投资基础设施，带来就业和相关行业的发展，促进经济向更好的方向发展；经济发展了，基础设施的价值就更大，引领着基础社会建设的扩张和升级，为经济更好地发展创造条件……这些都是实实在在的物质，会磨损却不会磨灭。这个循环持续下去，锚定在基础设施上的人民币就会相对稳定下来，对于中国"一带一路"的发展相当重要。如果人民币信用锚定的是石油和美元，那不是会被华尔街的"白骨精"们玩死？虽然现在人民币尚未国际化，但人民币与其他国家的货币兑换却越来越多，从一定程度上开始并加速了人民币的国际化进程。

为什么中国进行的基础设施建设可以作为人民币信用之锚，而其他国家比如日本就无法达到这样的目标呢？日本经济腾飞也有过基础设施发展良性循环的时期，但毕竟受制于国土面积、人口规模以及科技水平等，基础设施的建设到了一定程度就没法继续增长了。一旦停了下来，循环就停滞了，发展就不灵了。美国可以强势地用美元敲开全世界的门，而日本则没有这个能力，只好在沉沦中挣扎。

日本的基建天花板显而易见。而美国受制于两党选举政治，哪个政党上台都不太愿意去干长周期低收益的基础设施建设。都想在股市这种投机性强的金融行业挥洒，就像前总统特朗普沾沾自喜地自我表扬他的时代是美国历史上最强最好的时代：因为美股在他任内的前三年多里达到了历史高点。不过牛皮很快吹破了，道琼斯指数历史上五次的熔断（跌幅达 7% 上限）在 2020 年 3 月的上旬到中旬的十来天里发生了四次，使得道琼斯指数在一个来月（2020 年 2 月 12 日—3 月 18 日）从历史高位的 29568 点跌至 18917 点，跌幅高达 36%，把他任内沾沾自喜的涨幅清零了。尽管经过美联储几个月毫无底线地放水，美股又创新高了，但毫无疑问，这是为下一次的股灾酝酿情绪……危险正在步步逼近。

对美国每一届政府来说，基础设施建设的意愿也许有之，但基本上都会在国会的利益集团之间长期拉锯，最终不了了之。赚金融钱上瘾之后去工业化的结果，就是基础设施的需求似乎更少了，破破烂烂的基础设施没法更新，新上的项目遭到多方阻挠，怎么可能给经济社会发展增加更多坚实的基础设施呢。

而中国却完全不一样。

中国的人口比美国多四倍，虽然科技水平比美国和日本低，但处于经济快速的发展阶段，没有选举政治的干扰，没有利益集团绑架国家政策，国家的基础设施在全方位上开展起来。就目前而言，中国要达到美国日本那样完善的基础设施水平，还有很长的路要走。西部的基础设施还是严重不足，广大农村的基础设施也是如此；即使是城市里，基础设施也不能满足不断增长的人口的需求，比如城市里的教育和医疗设施等就显得十分不足。2020 年春节的新冠疫情大暴发，充分检验出了医疗卫生设施的不足，接下来要开始补短板，尤其是医疗和教育设施。

随着新经济的发展，未来在人工智能、5G 硬件网络、新能源汽车充电桩、核电等领域，中国将会有更多的基础设施发展空间。可以预见，未来在新基建、老基建更新以及"一带一路"建设上将投入更多的货币，这些锚定在基础设施上的货币将给经济发展带来无穷的动力。

人民币之所以能够锚定在基础设施和固定资产投资上，是因为中国拥有了全世界最强大的基础设施施工技术和施工设备生产能力；是因为中国有广大的复杂多样的国土空间；是因为中国具有全世界最大的单一市场，能够充分利用基础设施投资的效用；是因为中国是世界工厂，全球最大的贸易国，最大的贸易顺差国，全球最大的外汇储备国……因为有了这个能力，因为有了超强的政府财政政策实施能力，中国超发的货币才不会流入其他的投机性领域、消费品领域。试想一下，如果超发的货币大量进入民生领域，那民生消费用品不得飞涨几倍甚至数十倍。那些年的"蒜你狠""姜你军"等事件就是投机资本进入消费品市场引起物价飞涨的真实写照。

中国的基础设施建设之所以能够这么大规模地推进，除了上面讲到的那些原因外，还有一条最根本的原因，那就是中国的土地是国有的，这样实施起来就更加方便和容易了。

如何面对资产负债表衰退？

2008 年全球金融危机引发了众多国家的经济衰退。如果没有那 4 万亿，中国的经济衰退也是难免的。由于之前经济的飞速发展，资产的泡沫（股市和房市）是显而易见的。如果因为危机带来的经济衰退，并导致经济萧条的来临，那么极有可能引发类似日本 20 世纪 90 年代以来十几年的大衰退。日裔美国人辜朝明在其著作《大衰退——宏观经济学的圣杯》[1] 中把这种衰退称之为"资产负债表衰退"。

资产负债表衰退？

听起来有一种怪怪的感觉。为何不说经济衰退而是资产负债表衰退呢？因为根据辜朝明的研究，始于 20 世纪 90 年的日本经济大衰退和 20 世纪 30 年代美国经济大萧条有着千丝万缕的联系，这两次的经济衰退跟其他历次经济危机引起的衰退不同，是基于资产负债表的衰退与萧条，而不是传统意义上的经济衰退与萧条。

那么，什么是资产负债表衰退呢？

举个例子说明一下这个资产负债表衰退是怎么产生的"个人购房的按揭贷款问题"：

在经济发展繁荣的 20 世纪 90 年代，A 君在香港的九龙投资了 1000 万元买了套住宅，其中首付自有资金 200 万元，其余的 800 万元通过银行贷款取得。按揭年限 30 年，即 360 个月，每个月按揭还款（等额本息）金额约为 35000 元（假定利率 3.3% 不变）。A 君的工作能力、收入当时在 30000 元左右，老婆也有一份不错的收入，总体上看还贷的压力还是蛮大的。但架不住他们年轻啊，憧憬着未来的美好生活呢！整个社会都充满着乐观向上的情绪，甚至有些激昂了……

1　辜朝明．大衰退—宏观经济学的圣杯．北京：东方出版社，2016．

不料，大家在偷偷乐憧憬未来的时候，西方国家尤其是美国的金融"寄生虫"们开始盯上了香港，1997年亚洲金融危机爆发。1997年7月2日，亚洲金融风暴席卷泰国。不久，这场风暴波及马来西亚、新加坡、日本和韩国、中国等地。泰国、印尼、韩国等国的货币大幅贬值，同时造成亚洲大部分主要股市的大幅下跌……金融"寄生虫"们对香港的狙击，因为当时香港已经回归中国，有中央政府的坚强后盾而没有成功。即便如此，整个经济也是损失惨重。楼市出现了大幅的下跌，2003年的低谷相对于1997年的高峰，整个房价跌去了六成以上。

A君的苦日子来了：房价最低时只有当初房价的40%也就是400万元，前几年的按揭前后也还了100多万元（本金和利息），也就是说，花了300多万真金白银买来的房子现在只值400万元，这个时候他的资产负债表的资产端实际价值是400万元，负债端的负债是750万元，净负债是350万元。手里的资产现值只有400万元啊，严重的资不抵债，该破产了！这个时候A君该怎么办？

断供！扔掉房子不要了，300万元也打水漂到维多利亚湾里静静地成为历史的尘埃？那么在未来的日子里将会因为信用问题寸步难行……况且，房子是多么重要啊，是一家人的港湾啊，没有了房子这个家还能不能存在？

于是，A君选择了中国人最为刻苦耐劳的品质——负巨额债务继续供楼！这个时候，一个家庭最大的愿望就是早日还清债务，好让自己和家人成为无债一身轻的自由人。可以想象，在资产泡沫破裂的日子里，工作的选择、收入的水平都是难上加难，有个像样的工作就很不容易，屋漏偏逢连夜雨的人和事听得多了，遑论什么提高收入。整个家庭开始节衣缩食，开始尽量地少外出吃饭和购物，少出门旅游休闲……所有的家庭经济活动都是围绕着还清巨额按揭贷款。这样一来，消费减少，娱乐减少，休闲减少，为提高能力的培训学习减少……整个家庭生活陷入为了还清巨额按揭贷款的恶性循环中。

这样的生活节奏，你让 A 君如何去意气风发地畅想人生，追求人生更高的目标呢？

这样的情况可不止 A 君一个，千千万万的香港购房者基本上是这样的生活。2015—2019 年香港社会的诸多问题，尽管有种种外部因素的介入，但高房价绝对脱不了干系：如此高房价对年轻人来说，人生是绝望的和没有未来的。

当大多数人为了偿还巨额的按揭贷款，有限的收入中用于消费的部分必然减少，这是理性的个人之必然决策。但是，个人的理性经济行为汇聚起来成为集体的谬误，那就是个人理性行为共振导致整个社会的总需求不足：总需求不足，就意味着总投资会减少，投资减少的后果是工作岗位的减少，失业必然增加，失业增加意味着收入减少（失业者没收入，在岗工作的人因就业岗位竞争大而陷入收入不增反降的境地），收入少更加节衣缩食，总需求更少……一个经济的恶性循环就这样开始了，从而引发整个社会经济的衰退和萧条。

这就是"资产负债表衰退"的大致过程，也跟我们每个个体的生活密切相关。对于企业组织来说，也是一样的道理。一个国家的资产负债表出现了巨大的债务问题，一样的问题也会出现。

可能有人要说了，那美国的债务都超过了 GDP 总量了，怎么还没出现资产负债表衰退呢？这里有两个观点：第一，美元是世界硬通货，每次的 QE（印钱）都是全世界买单，美国拿出一张印有四个人头的绿纸"美钞"，就可以购买全世界的商品和服务为他们所用，因为美军太强大，你不得不"服"；第二，只是时间未到，一切靠借债过日子的，终会是"出来混，早晚要还的"。

看完这个例子，我们再来看看辜朝明先生是怎样阐述"资产负债表衰退"理论的。辜朝明的主要观点（其中部分观点是我根据其意思进行的推论）：

①企业和家庭面对资产泡沫破裂，资产严重缩水时，减少新增贷款，减少生产／消费，以便尽快还完贷款，是一种理性行为。这既是人类动物精神的体现（无债一身轻，自由的重要毋庸置疑），也是经济社会信用制度的制约。

②如果所有的企业和个人都这样做了，那么会产生共振现象：贷款减少，生产减少，消费减少，就业岗位减少，失业增加，货币政策失效，从而陷入大衰退，陷入危机。个人理性汇合成集体非理性，从本质上看，也是动物精神之自私的表现，为了追求自己的绝对安全，结果是集体不安全了。

③这个时候整个社会出现了负向的总需求缺口时，政府必须出手弥补这一缺口，才能避免经济增速的显著下滑而加剧危机，因而政府需要采取积极的扩张性财政政策。从增加有效需求的角度看，增加财政支出要比减税更加重要。因为减税可能导致家庭增加储蓄（可能用于还贷款），

而非用于消费，这意味着减税未必会增加短期内的有效需求。

④道理如此简单，为何日本会陷入旷日持久的大萧条？因为无论是政府还是学者，大都对赤字财政存有明显的偏见，大力贬低财政政策的重要性，并对持续的赤字财政政策心存疑虑……为什么？是不是思维定式造成，或者是传统观念认为企业个人可以负债，政府就不能负债？是政府的钱是纳税人的钱的原因吗？税收已经够多了，还要政府负债，谁知道负债都用到哪里去了？浪费了？贪污了？腐败了……这些怀疑都是正常的，于是整体不出声或者反对适当的财政赤字以缓解危机！

⑤辜朝明坚信，美国20世纪30年代的大萧条，正如日本经济大衰退一样，都是由企业减少负债而引发的资产负债表衰退。就像日本一样，问题的关键在于私营企业的借贷需求不足，而非金融机构的资金供给不足。

⑥对策：可分为阴阳两个阶段——区分标准在于微观企业资产负债表的健康程度。

a 阳性阶段：企业资产负债表总体健康，因而其经营目标在于利润最大化，整个社会总需求强劲，企业对于利率变化的反应强烈，理想的调控工具是货币政策，财政政策由于挤出效应而变成不适宜的政策。

b 阴性阶段：企业资产负债表遭遇重创，其经营目标要么转为负债最小化，要么陷于补救病态资产负债表的泥沼中。整个社会总需求持续低迷，企业对利率变化的反应转弱，理想的调控工具是财政政策。货币政策因传导渠道失灵而归于无效。

c 阴阳两个阶段：交替需要较长时间，完成一个循环可能需要数十年，这个周期要显著长于传统的库存周期。

以上就是辜朝明关于资产负债表衰退的基本观点。

资产负债表衰退概念彻底颠覆了传统关于经济危机后宽松货币政策的理论，提出了经济周期的"阴阳"两个阶段："阳"的阶段适合货币政策，慎用财政政策；"阴"的阶段适合财政政策，货币政策失灵。

我们看到，由美国次贷危机引发的全球金融危机，就是一场新的资产负债表衰退。危机发生后，各国政府都忙于出台宽松的货币政策，大水漫灌四处 QE。极低的利率甚至是零利率政策对于各国走出资产负债表衰退的作用极其有限，而且因为极富利益群体对政治的控制，这些 QE 出来的钱换了个方式打了几个圈又进入了垄断金融资本集团的腰包，对缓和整个社会的政治、经济都帮助有限，反而因收入差距的拉大加剧了社会不同阶层之间的矛盾。

按照辜朝明的观点，各国应该坚定不移地实施更加宽松的财政政策，从而减缓并帮助企业和个人走出资产负债表衰退，使得整个经济走出资产负债表衰退。但是，各国要实施可持续的宽松的财政政策，首先政府得有钱（都负债累累了，哪里有钱啊），其次要么面临国内不同利益集团的党派之间的倾轧与利益纷争（比如美国），要么受到关于财政赤字的正统思想的桎梏（例如德国），往往是知易行难……纷争的持续必然意味着全球性的衰退、萧条和停滞必然是旷日持久的。

再举个例子，看看经济萧条是如何产生并恶性循环的。

路人甲通过自己的劳动获取了 10000 元的收入，他把其中的 7000 元用于消费（比如购买日常生活消费品、耐用品、教育与培训，甚至按揭购房等），把剩下的 3000 元用于储蓄或保险系数很高的理财，总之这 3000 元进入了银行为主导的金融系统。那么他的收入 10000 元分成了两个部分，即消费的 7000 元和储蓄的 3000 元。他的消费率是 70%，对应的储蓄率则是 30%。消费的 7000 元会变成那些提供日常消费品和相应服务行业的收入，而储蓄的 3000 元则会变成那些要扩大企业规模并有资金需求的企业的贷款（这里不考虑存款准备金）。在没有外界较大的影响下，路人甲的收入 10000 元就不断地在经济运行中循环下去……路人甲如此，路人乙如此，路人丙也是如此……这就构成了整个社会经济基本持续的运行模式。

因为市场都在不断的变化之中，生意有好做的时候也有难做的时候，因而企业对资金的需求也会随着市场的行情发生变化。

当路人甲"滞留"在金融机构的 3000 元，不能完全被借贷出去时，就发生了资金的"供过于求"的局面。而银行等金融中介机构是要付出费用给储蓄者或理财者的，那么金融机构就通过降低利率[1] 来吸引更多的借贷需求，从而使得"滞留"在金融机构里面的 3000 元全部借贷出去，实现了经济运行的正常状态。如果市场形势大好，需要贷款以扩大生产的企业数量大增，那么就会出现资金的"供不应求"，金融机构就

1　请注意：降低利率是为了吸引更多的借贷者，意味着要降低借贷标准，这会给风险控制带来更高的难度，这是导致债务问题的主要根源，因此不分具体情况的 QE，是衰退走向萧条的根源，或者说是各种经济危机的根源。

139

会通过提高利率来抑制或排除那些具有潜在借贷意愿的企业，从而保证了 3000 元更加安全地[1]借贷出去。这就是经济运行的正常机制。

以上表述的是在市场波动下，金融机构的贷款条件（借贷利率和风控标准）基于其拥有的资金数量而定，"供不应求"（通常是市场运行较好）时，利率较高，风控条件较严，产生债务风险的程度较低；"供过于求"（通常是市场运行较差）时，利率较低，风控条件较松，产生债务风险的程度较高。

由于人性中存在的动物精神，尤其是信心问题，在传播中极容易被夸大，尤其是市场运行处于较差的阶段，信心的不足是形成大规模衰退和萧条的根源。

所以，在某一天，路人甲的 3000 元"滞留"在金融机构里面的钱再也贷不出去了，因为市场上的企业因为之前经济繁荣时期借下的巨额债务而苦恼：这些债务多数投资在股票和不动产上。因为在经济繁荣的时候，所有其他行业的利益都不如投资股票和不动产。不动产泡沫总有破裂的一天，于是企业的资产负债表上出现了资产原值和现值之间巨大的差额，这个差额就是债务。

路人甲、路人乙、路人丙……各自"滞留"在金融体系里的钱越来

1　请注意：这里是更安全地借贷出去，表示银行贷款的条件更高一些，那么金融机构回收贷款的风险就更小一些。适当地去杠杆，可能对那些一贯喜欢大手大脚的企业来说是难受的，但能够把未来的不确定风险尽可能消除，也是未雨绸缪的好事。

越多，出现了严重的资金"供过于求"的局面，贷款利率也越来越低，但那些背负沉重债务负担的企业再也没有意愿借贷了，因为一个背负巨额债务的企业不会因为足够低的利率（甚至是零利率）而继续借贷。对它们来说，现在千方百计地还清债务是首要的选择[1]。

结果是，路人甲最初的 10000 元，只有 7000 元进入了经济运行之中，而"滞留"在金融机构中的 3000 元就真的滞留在金融机构中了（零利率甚至要收保管费）。那就是说，最初的 10000 元收入，只有 7000 元转化成为别人或别的行业的收入，随着经济的继续循环，7000 元的别人收入如果按 7:3 的消费储蓄比，那么就只有 4900 元进入经济循环，而 2100 元继续"滞留"在金融机构之中。这个过程不断地重复，于是 10000 元变成了 7000 元、4900 元、3430 元、2401 元、1680 元……最终把经济运行导向恶性循环，导致整个社会的总需求严重不足，整个经济运动导向通货紧缩状态。这样的经济持续低迷，必然进一步挤压以股票和不动产为主的资产价格，加剧了企业偿债的紧迫感。

对于个人和企业来说，基于道德和现代社会的信用约束，积极地还债是有责任感的、正确的、理性的行为。但是，如果所有的或者说大部分的人和企业都开始采取同样的偿债动作，就会酿成"共振"，导致整个社会经济运行的严重低迷，因为偿债的综合结果是整个社会需求的严

---

1 还清债务第一基于信用社会的信用体系，未来有机会的时候还能有金融机构给予贷款；第二基于圈层里道德层面的做人原则，是做老赖还是值得信任的人，会对未来能否东山再起起到重要的作用。

重不足，最终导致经济的持续低迷，直到债务清偿的那一天。这时候企业的最大目的是活下去还债并追求负债最小化，而不是以追求利润最大化为目标。

这就是严重的资产负债表衰退！

总结以上的叙述，经济危机发生时面对衰退和萧条，政府应该坚定不移地实施积极的财政政策，积极地精准施策，把货币政策通过积极的财政政策发挥最大的效用：保证民生的市场供需、保证就业的稳定、保证社会低收入群体的收入水平；减缓企业和个人因资产负债表的负担而束手束脚不能进行正常的业务拓展和消费。只有这样才能使得经济社会发展的基础得以稳固，以便谋求更好的发展。

在经济与社会学界，经常会把中国经济发展跟日本做对比，尤其是关于房地产泡沫方面，担心或预测中国将会步入日本式的大衰退大萧条。其实，日本的萧条跟其本身的问题密切相关，其一，日本过分偏好于外向型经济是导致它衰退的根本原因；其二，日本的国内市场有限，受制于外部的因素较多；其三，日本在政治上受制于美国，并且经济上也只能作为美国的附庸，所以日本的衰退是不可避免的。但其之所以没有因衰退而导致大萧条，根本原因在于日本人勤劳节约和吃苦耐劳的精神，日本政府正确地实施了积极的财政政策引导企业和个人逐渐走出了资产负债表衰退。

而中国跟日本有着本质的差别，市场规模大，受制于外部的因素少，政治独立自主，经济腹地宽广，东中西部各个区域差别大，能够做到相互转移各自的优势互补发展。在发展的过程中，通过中国政府对各个发展阶段企业资产负债表的处理，基本上避免了出现资产负债表衰退的可能。

中国对资产负债表的解决方案：四大国有资产管理公司以及地方性国资管理公司，剥离不良资产，让企业在市场竞争下轻装上阵。当然，运用现代企业制度，对企业的发展实现绩效考核。通过这些运作，使得企业的经营避免了因资产负债表的巨额不良资产问题而止步不前导致的企业经营破产和倒闭。改革开放40多年来，中国大力发展各种基础设施，比如"铁公机"，比如市政建设、水利设施、民生水电气等，都构成了以基础设施为信用保障的货币发行，是中国经济高速稳定发展的基础。

所以，近年来我们也看到了2008年之后中国积极的财政政策带来了产能过剩等大量问题，但必须思考一系列的财政政策举措为中国社会经济发展避免了什么。这个"避免"现在看起来更加重要：

稳定的就业增长！

稳定的收入增长！

稳定的投资增长！

产业结构有序调整！

扶贫攻坚有序推进！

污染防治坚决部署实施！

"一带一路"开花结果！

适度从紧的金融监管，是社会稳定的根本

资本化的货币是趋利的，这是人性所致。

如果任由资本发展，那么资本将会不顾一切道德和法律，会把人性中最原始的兽性毫无保留地发挥出来。历次的殖民化战争和后来祸及全球的第一次世界大战和第二次世界大战，都是资本掌控下的人性兽性化的表现，也可以说是资本的兽性化体现。

资本的掌控者和代表他们的政府，为了他们心中的利益，可以找出各种借口对一个又一个主权国家发动战争，还美其名曰"维护人权"和"人道主义"。比如海湾战争，比如伊拉克战争，比如利比亚战争，比如叙利亚战争等，都是资本兽性化的极端体现。

2008 年全球金融危机的爆发，就是美国金融垄断资本家利用资本的影响力，不断打破金融监管的枷锁，不断试探无底线的金融创新，才导致次贷危机的发生。金融垄断资本家设计出让人眼花缭乱的金融工具，构成了一个看起来复杂的利益链条，他们在中间的每个环节都赚到他们各自的利益，而位于这个链条两端的人，即那些低能力购房者（次贷贷款人）和那些债权的最终持有人（证券产品购买者），事实上是在购买现代版骗人的"万灵药"。

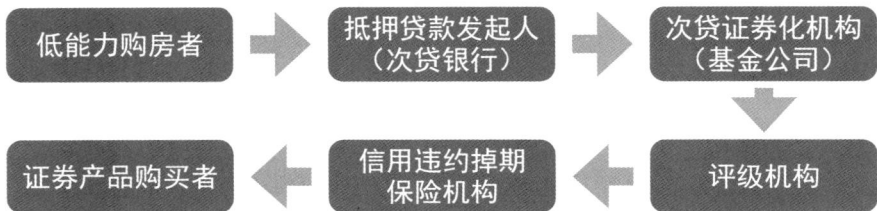

低能力购房者 → 抵押贷款发起人（次贷银行） → 次贷证券化机构（基金公司）

↓

证券产品购买者 ← 信用违约掉期保险机构 ← 评级机构

一个复杂的利益链下来，最后的证券产品购买者根本就不知道他购买的是什么了，因而其利益保障也就无从谈起。似乎有保险机构做了最后的兜底，可保险机构自己都"泥菩萨过江——自身难保"了，它还能保谁呢？最终受害的就是两端的百姓。

美国最近三次的衰退危机（1990—1991年、2001年、2007—2008年）都是金融监管底线越放越低的结果。在乔治·阿克洛夫[1]和罗伯特·席勒[2]联袂出版的《动物精神》一书中我们可以清晰地看出金融监管的失败和危机的发生是直接相关的：

"资本主义的物产丰富至少有一个缺陷——它并不是自动生产人们真正需要的东西，而是生产人们认为有需要且愿意为此付钱的东西。如果人们愿意为药品付钱，资本主义就生产药品；而如果人们还愿意为'包治百病'的假药付钱，资本主义就会生产假药……"

"保护消费者权益是一件比较重要的事情……但还有一个特别需要保护消费者同时又特别难以提供保护的领域，它就是代表着人们为未来进行储蓄的有价证券领域……今天的大多数工人并不是为自己现在的生活工作着，而且对他们而言，为将来打算的一种主要方式就是购买金融资产，如股票、债券、退休基金和人寿保险等。从本质来看，

1　2001年诺贝尔经济学奖得主，国际货币基金组织研究部客座学者、加州大学伯克利分校经济学教授。

2　2013年诺贝尔经济学奖得主，美国经济学家，学者，畅销书作家，耶鲁大学亚瑟·奥肯经济学教授。

这些资产证券都是纸上富贵：它们只不过是一些隐含着未来支付承诺的纸片罢了。"

"在现代经济中，绝大部这样的储蓄来源都包含着一个固有的特性，即价值的不可知性……资本主义创造了一项发明：有限责任。对于有限责任公司，股东的最大损失就是他们已投入的股本。这种有限责任发挥了很好的作用。一方面，它保护股东，这促使他们一开始就投资有风险的事业；另一方面，它也允许股东向他人出售股票，不过后者将不得不承担跌价风险……"

"但是，如果企业做假账，销售资产就同销售假药类似。正如声称假药具有某些根本不具有的疗效就可以沿街兜售一样，通过会计造假，企业就有可能兜售股票、债券或信用……于是，股东和股票期权的所有者就能从那些愚蠢地相信假账的人手中套现……获得这种高收益的方法之一是虚增股票价值，然后出售股票，让新的股东垫背。不过，这只是利用会计手段作假的其中一种方法。另一种方法就是出售信用，然后算出如何从债权人投入的资金中搂钱……"

"在美国，储贷协会像银行一样主要提供抵押贷款。1982 年的《高恩－圣杰曼存款机构法》对储贷协会放松监管之后，储贷危机开始显现。该法律允许储贷协会大肆发放贷款，同时让政府为储贷协会吸纳的存款做担保……放松监管为腐败创造了机会，某些储贷协会很快就抓住了这个机会，它们发放了许多不良贷款，随后破产。由此引发的危机最终导致重组信托公司的创建，该公司成立于 1989 年 8 月，专门处理破产的储贷协会。"

"最有创造性地利用储贷协会进行私下交易的是垃圾债大王迈克尔·米尔肯。他发现了一个可大幅降低接管成本的办法。他用别人的钱以闪电般的速度完成竞购。这笔钱直接来自储贷协会购买米尔肯的垃圾债券的资金……"

"公司高管发现，他们可以将自己的企业私有化，只要发行大量债券（例如垃圾债券）来偿付股东就行了。如果已被私有化了的企业能够用垃圾债券偿付，那么高管就会获得极高的报酬。不久之后。高管报酬的整个标准就会提高。高管薪酬方面的顶尖顾问格拉夫·克里斯塔尔对这种变化甚感震惊，他写了一本书——《追求无节制的高薪》。一个有着标准的新不平等时代到来了。"

高薪并不是因为引领企业获得了真实的高收益而获得的，高薪酬是通过设计来获得的，完全可以认为是一种对股东和投资者的欺诈。

"对安然事件的研究，对会计准则如何被滥用的研究，本身就可以作为基础，开一门完整的会计准则课……要想高估当期利润，安然只需要低估未来的收购价格便可。那些从事获利交易的人，则获得了期权和其他丰厚的回报……虚增利润的合法手段很快就用光了。随后，安然转向了非法的会计操纵，这种操纵相当于一部创造利润的永动机……设立一家控股公司，让它以高价购买安然公司的资产，安然就可以把资产出售价同资产账面价之间的差额记为利润……为安然提供会计服务的会计师事务所安达信也不会告发安然。他们担心，如果揭发了安然的勾当，就会丢掉安然提供给他们的报酬丰厚的顾问合同。"

"经济学家可能会把这种情况描述为一种，即每个人都寻求自身利益，但是公众花了钱，却买了假冒伪劣的产品。这种均衡对所有相关者来说，绝不是互利的。2001 年的这场经济衰退就是一个有力的证据。在股票市场崩溃之后，衰退就开始了。而股票市场的崩溃使公众日益认识到，许多企业特别是所谓的网络公司的确在欺骗公众……在 2001 年，投资者明确地告诉我们，会计丑闻是他们撤出股票市场的一个主要因素，也是他们转而对房地产市场抱以信心的原因。在房地产市场上，他们并不需要依赖会计师。"

而实际上，大部分的投资者对金融市场的复杂性认知远远不足。他们认为房地产市场不需要依赖会计师，那只是最为表层的认知。既然他们转而相信房地产市场，华尔街的"白骨精"们就会利用好它们转向的偏好，设计出适合它们的金融产品来，那就是大家普遍知晓的"次级贷""次级债"和"信用违约掉期"等一连串的金融工具来"请君入瓮"。

"20 世纪 90 年代末至 2006 年，美国的房价暴涨……这个房价泡沫一直伴随着次级抵押贷款的大幅增加而膨胀，次级抵押贷款从占抵押贷款市场的区区 5% 上升到接近 20%……次级抵押贷款变成了一个规模庞大但并未受到恰当监管的新行业。它们取代了政府向低收入借款人提供贷款的计划，而政府负责此计划的是联邦住房管理局和退伍军人管理局。"

"不幸的是，许多次级贷款人发放了并不适合借款人的抵押贷款。他们大张旗鼓地宣传其较低的初始月供，掩盖了房主在将来难以支付较高利率的事实。贷款人成功地向那些财务状况最脆弱、受教育程度最低、消息最不灵通的人发放贷款。"

"这些抵押贷款发起人一般都不相信他们自己的产品，都想尽可能快地把它们处理掉……抵押贷款会被出售，而且它们的收益经常以各种不同的方式被再打包。作为这种再打包的组成部分，不同等级的抵押贷款的收益被捆在一起，再切成许多块出售……这些抵押贷款的最终持有者并不是抵押贷款的发起人……一旦抵押贷款被打包，金融奇迹就会发生。它们被拿给评级机构，评级机构通常会为其大开绿灯。次级抵押贷款包被给予十分高的评级：80% 为 AAA 级，95% 为 A 或 A 以上的评级。事实上，由于获得的评级很高，这些资产包会被银行控股公司、货币市场基金、保险公司甚至是以前从不单独接触任何这类抵押贷款的托管银行买走。"

"这些被高估了的资产包的买家也没有兴趣去仔细研究这堆垃圾，他们只想把买次贷获得的较高收益体现在他们的当期利润中。况且，质疑 AAA 评级需要相当多的经验，非一般人能做。而那些将垃圾资产打包的人想的自然是他们的佣金。在整个游戏中，没有人会负责任地检举揭发……"

于是，不可避免地形成了一条金融利益链：找到一个起点"低收入的购房者"，开始了抵押贷款发起人（次贷发放机构）、抵押贷款证券化机构、评级机构、保险公司的利益运转，最终把"垃圾资产"全部转移到了根本不知道自己买的债券代表着什么的购买者手中，完成了对低收入购房者和最终抵押贷款债券购买者的财富掠夺，看起来首尾两端都是心甘情愿的，但这却是杀人不见血的"高招""损招"。

我们经常讲金融是最势利的行业，你有钱的时候它追着要给你贷款；当你落魄的时候，第一个讨债的一定是银行。金融行业干的从来就是"锦上添花"的事情，基本上不会有"雪中送炭"的差事。那么多中小微企业很难获得贷款就是明证。

"锦上添花"的时候，会放宽金融放贷的条件，会走在金融监管的边缘，会出现监管的漏洞……于是，"锦上添花"的时候，往往就为下一次的金融危机埋下了伏笔……而"雪中送炭"能够为企业和个人渡过难关，为经济的复苏和发展带来实实在在的正面影响，可是势利的金融是没有大局观的。这一切都是因为资本化的金融具有人性，失去监管的金融就会促使人性之贪最大化，最终兽性化而不可收拾。

因此，对一个国家而言，尤其是一个发展中大国，金融系统的风险防控尤为重要，宁愿慢一点，不要走错路、走急路、走弯路。对金融实施适度从紧的监管是保障经济社会发展稳定的根本。

对发展中的中国而言，金融稳定是社会发展和改革开放的重要前提。金融稳定目标要求牢牢守住不发生系统性金融风险（"防风险"）作为金融工作的底线。总量上，宏观杠杆率的变动是重要的度量指标，即"稳杠杆"，使整个社会的债务水平处于可持续的水平。结构上，当前"防风险"主要是解决部分中小银行面临的风险，参考的量化指标包括银行的净息差、不良率、资本充足率、融资工具、信用、利差等。

金融改革则是金融发展的根本动力和重要手段。金融改革作为金融业支持经济发展方式转变和经济结构调整（"调结构"）的着力点，具有相当丰富的内涵，包括货币政策和宏观审慎双支柱调控框架、利率市场化改革、金融监管体系改革、金融机构改革、人民币国际化和资本项目可兑换等。其中，疏通传导机制、提升传导效率，以改革的方式"降成本"是当前货币政策的重点。结构性工具的使用力度不断加大，以实现定向调控、精准滴灌，引导资金更好地流入实体经济的重点领域和薄弱环节，特别是民营和小微企业。但目前货币政策传导机制总体不畅，小微企业融资难、贵问题仍待进一步疏解。

再说资产负债表衰退与货币政策失灵

美国大萧条（20 世纪 30 年代）与日本大衰退一样，都是由于企业减少负债而引发的资产负债表衰退。问题的关键在于私营企业的借贷需求不足，而不是金融机构的资金供给不足。

同时我们应该看到，日本大衰退与美国大萧条最大的区别在于，尽管丧失了至少相当于日本当时 GDP 20% 的企业需求和 1500 万亿日元的国民财富，但是日本的 GDP 不管是名义上还是实质上仍然高于泡沫顶峰时期。如果根据美国 20 世纪 30 年代的大萧条的结果（资产价格暴跌摧毁了与 1929 年美国 GDP 相当的国民财富之后，仅仅四年间美国的 GDP 与高峰期的 1929 年下降了 46%，全国范围内失业率升至 25% 以上），这种状况应该会把日本经济拖入通货紧缩的泥潭，GDP 将会比高峰期大幅度下降，至少会比高峰期跌去一半或者三分之一，失业率也不可避免地高涨起来……

为什么日本没有发生类似美国大萧条的情况呢？为什么经济泡沫破裂后日本 GDP 却没减少？主要原因来自两个方面，一个是个人的储蓄变化，另一个是政府支出。

①储蓄减少提振消费和需求：东方社会的人们普遍有勤劳节约、存钱防灾的习惯和传统。我们从辜朝明《大衰退——宏观经济学的圣杯》一书里可以看到，作为净储蓄个人部分的曲线在泡沫破裂（1990 年）后一直呈现下降势头。社会大众之所以减少储蓄，是因为经济崩溃使有的人失业没有了收入，有的人即使还在工作岗位上，但收入水平大不如前。因此只能把储蓄取出以应对因经济崩溃失业和薪酬降低给个人和家庭生活带来的困难。而企业员工在奖金和红利减少的情况下需要支付的住房贷款和教育经费却没有丝毫减少，于是不得不动用储蓄来弥补亏空，至少不能让生活陷入窘境。储蓄缩水使得滞留于银行内部的资金减少，减少的这部分资金进入了消费市场，带动了消费市场产品的销售和生存，从而起到了支撑经济的作用。

②财政刺激支撑了日本经济：泡沫破裂后的两年里，日本的 GDP 并没有下降，日本政府的财政仍然有盈余，当时执政的自民党政府的决策者认为，这不过是又一次的周期性经济低迷罢了，出于惯用政治恩惠笼络选民的投资刺激经济（比如修建桥梁、道路等基础设施等）的想法得到政客们的大力支持。于是，政府发行公债并扩大支出，花掉了个人存在银行里被闲置的货币，通过实施积极的财政刺激政策使经济形势迅速稳定下来。这意味着积极的财政政策开始奏效。但随着时间的推移，这种效果开始消退，那么经济颓势必然重现。

我们可以看到，随着 1990—1991 年财政盈余的投资支出，1992 年之后政府支出的数据开始呈现下降趋势，表明财政政策下的政府投资逐渐增加，一直到 2003 年左右才止跌回升，这个时期的趋势跟个人储蓄的曲线基本上是同步的，也可以认为个人储蓄的减少刚好是政府借债增加用于投资刺激经济的部分。

为什么需要这么长时间的财政刺激投资呢？一般而言，无论是自由资本主义还是保守资本主义，大多数时候都坚持使用货币政策而不使用财政政策，因为他们认为，只有私人投资才能体现市场那只"看不见的手"最有效的资源配置，并一致认为政府投资的效率太低，因此对财政政策刺激投资的方式不感冒。

可是，你想想，在日本不动产价格暴跌超过 80%，1500 万亿国民财富灰飞烟灭的情况下，没有一家企业能够在短时间内修复严重受损的资产负债表！这就是财政政策一直维持的原因之一。另外，对于实质上处于技术破产的企业而言，实在是"哑巴吃黄连——有苦说不出"，企业不能也不敢对外说明自己已经处于"技术破产"（资不抵债）的情况，因为一旦这个"秘密"被媒体传播给大众，无异于企业关门大吉，对所有的利益攸关方都是不利的，所以拜托啦，你们好好经营吧，总有一天会把债务偿清的。

企业面对巨额债务的资产负债问题，至少需要五年以上（如果企业的连续盈利能力为年利润率 20%）甚至十多年（年利润率 10% 左右）才能修补资产负债表。这与日本整个社会经济在 2005 年左右才逐渐走出债务困境相符合，表明企业的平均盈利能力在 7% 左右。在这修补期间，企业的收入用于偿还债务，而不会从银行借贷个人净储蓄部分，因此政府要年复一年利用财政刺激政策来弥补投资缺口，以弥补总需求不足的缺口。政府支出在支撑经济中起到了关键作用。

参照美国大萧条的结果，如果日本政府不这样举债刺激经济，日本的 GDP 就会跌至高峰时的一半或三分之一，因为美国大萧条期间，在资产价格暴跌摧毁了与 1929 美国 GDP 相当的国民财富之后，四年间美国的 GDP 下降了 46%。

设想一下，如果 2008 年没有那个备受诟病的 4 万亿，中国经济的衰退会怎样？不敢想！

日本大衰退的另外一个强势特征是，整个 20 世纪 90 年代甚至是 21 世纪初，日本的产品尤其是家用电器、家用汽车乃至工程机械等，在全世界都是品质优越的代表。这表明在产品和服务上是没有问题的，也就是说企业的经营是正常的具有活力。只是因为资产价格的泡沫破裂引起的在微观层面上的资产负债表严重受损，导致企业经营从以盈利最大化为目的走向了以债务最小化为目的。在个体、企业理性还债责任下的集体非理性，导致了整个社会总需求的减少（但因中国的快速发展，日本的外向型经济表现出色），进而把整个社会拖入通货紧缩的泥潭，好在之前建立起来的个人高储蓄和政府刺激经济的积极财政政策的持续实施，才使得日本经济虽然陷入长达 15 年的衰退但 GDP 却没有下降，不像美国 20 世纪 30 年代因资产泡沫暴跌引起衰退进而引起长时间的大萧条。

那么，美国为何会大萧条而不是像日本那样呢？

美国大萧条基于时任总统赫伯特·胡佛的错误判断，美国被卷入恶性循环通货紧缩的旋涡，仅仅四年间 GDP 下降 46%，全国范围内失业率升至 25%。这个错误判断就是：他认为由股市投机者引发的股市暴跌及其损失不能成为扩大政府支出的合理理由。而日本的那些善于讨好选民的政客开启的政府主导的财政政策刺激投资的支出，反倒填补了私人企业部门忙于修复资产负债表而还债（导致储蓄过剩）产生的通货紧缩缺口。这就是不同的政府理念下的政府行为产生不同的结果，使得日本大衰退最终没有演变为另一场大萧条的原因所在。

资产负债表衰退的一个关键特征就是货币政策失灵。

从 1995—2005 年，即使在利率几乎为零时，日本的货币政策依然失灵。股市难以恢复元气，经济也无法复苏。货币政策在缺乏投资需求时失灵！企业资产负债表的急剧恶化使得有借贷意愿的企业数量大幅减少。货币政策的有效性是建立在企业有意愿借贷的基础之上的。

因此，我们经常看到的 QE，基本上就是西方经济一旦处于危机时的衰退，条件反射式地惯用的货币政策。这个货币政策实际上已经被日本 15 年的衰退证明是无效的。但为什么西方却一直要使用这个失灵的政策，正像市场失灵的例子比比皆是，而那些西方的经济学家或政客不承认一样，他们根深蒂固地认为只有市场那只"看不见的手"才能有效地配置资源。说白了，是对经济运行规律的一知半解或者根本的无知，或者就是隐含着更加险恶的阴谋：通过危机使得社会的财富重新分配，并更加集中到极富阶层手中，这与这些年来越发集中的财富现实情况相符合。根据美国智库"经济政策研究所"（Economic Policy Institute）最新发布的一份研究显示，2015 年，前 1% 顶尖收入人群的收入，是余下 99% 人群收入的 26.3 倍。富裕阶层财富快速增长是以牺牲普通工人利益为代价的。美国社会顶层 0.1% 的人群的财富与 90% 的人群的财富相当。

简言之，财富分化的扩大就是自由资本主义拥趸者通过其主导和把控的政策与制度设计出来的！

这个现实情况能否给我们一个提示，西方经济学研究的起点，总体上看是基于 18 世纪当时的市场范围和当时的社会生产情况，是基于古典自由主义思维，是基于极端私有制的起点，这样得出的经济理论或者经济规律是否具有普遍适用性呢？

我觉得这个是需要斟酌的，至少在屡次的经济危机来临时，惯常的 QE 并不能解决问题，而是把问题掩盖到下一次发生更大的问题、更大的危机。因此，林毅夫教授关于经济规律是社会经济现象的反映的观点是绝对可取的：

①经济学的理论，是对社会经济现象观察的一套简单逻辑，来说明这个现象背后的因果关系。而且理论应该是越简单越好，既然理论是越简单越好，你怎么能够说哪个理论是伟大的贡献，哪个理论不是伟大的贡献？你不能从逻辑上来比较，实际上是根据你所解释的现象的重要性，现象重要，解释这个现象的理论贡献就大。

②那什么叫重要现象呢？发生在重要国家的现象就是重要的现象。我们知道从工业革命以后一直到第一次世界大战，世界经济的中心在英国，因此英国的现象就是最重要的现象，解释那些现象的经济学家就是经济学大师。

③第一次世界大战以后，世界经济中心逐渐转移到美国，所以一段时间之后，美国是世界的经济中心，解释美国经济现象的经济学家，当中做出贡献的就是世界经济学大师。

④我们知道到 21 世纪二三十年代，中国经济一定会变成全世界最好的经济，发生在中国的经济现象，一定会是世界上最重要的经济现象，解释中国经济现象的理论，一定是做出最大贡献的理论，提出这种理论的经济学家就会变成经济学大师。

新中国成立 70 多年来，尤其是 40 多年来改革开放的巨大成就，已经成为人类历史上最突出的经济发展表现，然而中国的经济大师呢？在哪里？

不是说研究西方经济学的各种理论不合适，而是应该多从中国的经济实践中研究出关于中国经济的理论和规律。这不等于闭门造车，不借鉴西方经济学好的研究方法和理论基础。中国，应该有自己的经济学大师，有引领世界经济发展的经济学大师，不管是否被诺贝尔奖认同。

宏观经济政策的组合：如何避免萧条和衰退的加剧，使得经济周期的起伏程度趋缓？

结合辜朝明关于资产负债表衰退以及经济发展的阴阳阶段分析，

在经济周期的不同阶段，采取不同的政策组合，使得经济周期起伏的幅度小一些、平坦一些，也就是说合理的政策组合将对经济周期不同阶段的平稳过渡起到很好的调节作用，使得经济周期里危害较大的萧条和衰退阶段对国家和个人的影响降到最小。下表是经济周期的四个阶段"衰退—萧条—复苏—繁荣"中不同阶段里应用不同的政策工具对经济运行周期进行干预的分析框架。

宏观经济政策组合	复苏：宽松的货币政策 谨慎的财政政策	繁荣：积极的货币政策 积极的财政政策
衰退：紧缩的货币政策 积极的财政政策	1. 就业：衰退时大众就业岗位最重要，积极财政政策能够提供大量有效就业 2. 收入：萧条时底层收入最重要，谨慎/宽松财政政策能够提供社会托底保障 3. 生存：复苏时企业生存下去最重要，积极货币政策能够提供成长的源动力 4. 发展：繁荣时企业发展快速最重要，宽松货币政策能够提供发展经营规模	
萧条：谨慎的货币政策 谨慎的财政政策		

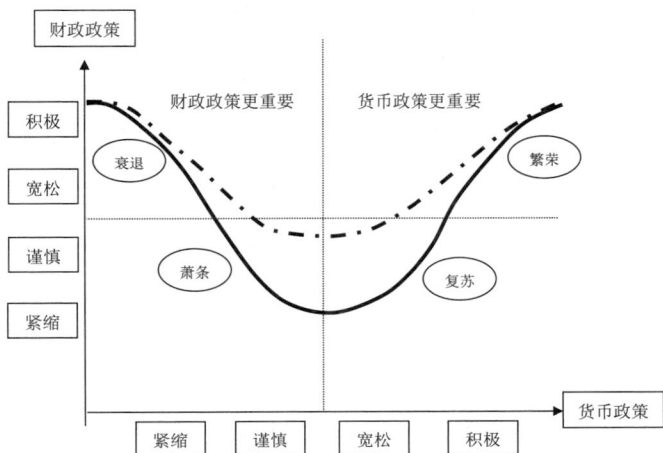

从上图我们可以看出，通过一定程度的货币政策和财政政策的组合使用，使得在一次经济周期中起到减缓危机带来的衰退与萧条的程度，为经济快速走出衰退与萧条创造有利的政策条件，使得经济快速复苏并走向繁荣。总体目标是减轻经济周期的起伏程度，为经济相对平稳发展创造政策条件。

第一，在衰退阶段，使用积极的财政政策，使大众获得就业，这个阶段就业是最重要的事情。同时由于这个阶段货币政策不起效果，因此要采取紧缩的货币政策去杠杆，消化前一个周期遗留的高杠杆债务问题。

第二，在萧条阶段，使用谨慎的货币政策以及谨慎的财政政策。因为在前一个衰退阶段，紧缩的货币政策已经把杠杆去得差不多了，这时候需要适度的谨慎的货币政策，让一些合适的企业得到金融的支持而发展。而这个时候财政政策采取谨慎态度，主要是因为在前一个萧条阶段，财政政策是积极的政策，需要时间予以检验和修正，因此采取相对保守一些的谨慎财政政策，有利于为下一步的发展留出政策空间。这个阶段里，收入是最重要的事情，因为衰退了，企业收入减少了，但要保障个人有一定的收入，才会为企业的未来积攒人力资本。

第三，在复苏阶段，采取宽松的货币政策和适度的谨慎的财政政策。经济发展度过了衰退和萧条阶段，去杠杆已经取得很好的成效，财政政策也在就业和收入方面发挥着重要的作用，这时候需要给企业更多的金融支持，以便企业能够更好地生存与发展下去，宽松的货币政策发挥主要的作用，企业发挥市场的力量优胜劣汰、自然选择、适者生存。这个阶段财政政策谨慎使用，才能够让市场那只"看不见的手"进行市场调节。因此，这个阶段竞争已经加剧，企业生存变得很重要。

第四，在繁荣阶段，采取积极的货币政策和积极的财政政策。积极的货币政策很好理解，因为在繁荣阶段，企业快速发展，经营规模不断扩大，需要积极的货币政策给予有力的支持。而通常认为这个时候应该把财政政策退出市场。无论是自由资本主义还是保守资本主义，都不主张在经济发展良好的阶段使用财政政策，因为他们都认为市场才是最好的组织者，财政政策多数是国家行为国有企业行为，天生就不具备市场效率，因而可能出现资源与效率的错配，给整个社会福利带来不利。

仅从效率的角度看，财政政策导致的效率确实更低。但从整个社会公平的角度看，这个阶段积极的财政政策能够起到平抑收入过分不平衡的状态，从而有利于社会稳定。因为经济发展的繁荣阶段，不同阶层的收入会迅速拉大，底层社会的收入还有可能更低（经济繁荣阶段，企业的融资渠道多、融资成本低，有可能进行大规模的技术改造和创新，使得底层的工作岗位减少或消失，给底层造成了岗位压力，影响就业情况以及更低的收入可能），这样就会出现不同阶层之间收入的巨大鸿沟。而这个时候积极的财政政策（比如基础设施改造和更新，比如更好的社会保障制度，比如政府发给底层生活的代金券等），能够给社会中低收入者更多的就业和收入保障，起到稳定整个社会政治经济的目的，也为经济的繁荣创造更好的条件。

财政政策决定货币政策的结果：财政政策不是孤立的一个政策，必须借助货币政策才能得以实现；而货币政策要实现好的和预期的效果，必须借助财政政策才能取得成效。简单化货币政策或财政政策都是不可取的。

为什么货币政策需要借助财政政策才能发挥最佳的效果呢？

因为，通常财政政策是惠及全民的，财政政策实质上也是货币政策，只不过是这个基于财政的"货币"其目的是"惠民"，比如减个人所得税等，因而它与一般意义上的货币是资本不一样，因为资本的"货币"目的是获利，而财政的"货币"并未以获取最大利益为目标。也正是基于财政政策的惠民"货币"的缘故，财政政策才能发挥出它应有的作用，发挥出惠民"货币"的最大价值。

而我们一般意义上的货币政策，基本上不限制货币的投向，最终都会因为资本的逐利性把货币投向利益最大的地方。而利益最大的地方，从实践和历史看，都是利益集团获利最丰厚的地方。意思就是，货币政策的实施最终惠及的是极少数群体的利益，反而使得整个社会的收入不平衡加剧。

下面就货币运转的机制做一个简单的说明，就会大致清楚财政政策与货币政策之间的相互关系以及财政政策的重要性了。

如下图所示：货币通过央行购买商业银行持有的国债或者购买优质的企业债，注入商业银行里。

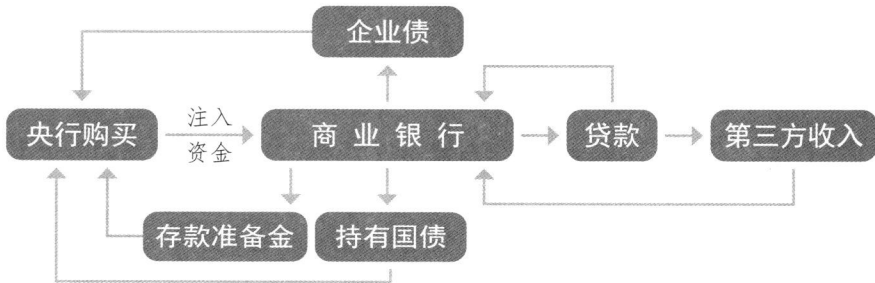

```
                        ┌──────────┐
              ┌────────▶│  企业债   │◀─────┐
              │         └──────────┘      │
              │              ▲           │
   ┌────────┐  │   注入   ┌──────────┐   │  ┌──────┐    ┌──────────┐
   │ 央行购买 │──┼── 资金 ─▶│ 商业 银行 │───┴─▶│ 贷款 │───▶│ 第三方收入 │
   └────────┘  │         └──────────┘      └──────┘    └──────────┘
       ▲       │         │         │           ▲            │
       │       └─────┐   ▼         ▼           │            │
       │      ┌──────────┐  ┌──────────┐       │            │
       │      │ 存款准备金 │  │ 持有国债  │       └────────────┘
       │      └──────────┘  └──────────┘
       └──────────┘
```

财政政策决定货币政策的结果

某国央行花费了 100 亿元用于购买商业银行 A 的国债 60 亿元，剩余的 40 亿元购买了一家业绩优良的企业 B 的债券。那么，商业银行 A 就增加了现金 60 亿元以及企业 B 的 40 亿元存款，合计拥有了 100 亿元的流动资金。这其中需要按照银行的存款准备金制度提取 15% 向央行存入（假设存款准备金率为 15%），剩下的 85 亿元就可以用于向有需求、有意愿并符合贷款标准的企业 C 贷款。企业 C 获得贷款用于其生产活动的各个方面，可能用于支付生产材料、能源、工资、物流、研发等，85亿元会成为这些生产活动提供方的收入，企业 C 通过向消费者提供商品或者服务实现了投资价值，收回了 85 亿元并创造出企业的利润 15 亿元，合计 100 亿元，这些来自各方面的 100 亿元绝大多数又存入了银行 A，因而银行 A 完成了一次的资金循环，并开始了第二次的资金循环……

假设企业的获利能力不变，还是 15%，而且银行存款准备金率还是15%，那么中央银行最初向商业银行 A 注入的 100 亿元，第一个循环之后变成了 100 亿元，第二个循环之后也是 100 亿元，第三个循环之后还是 100 亿元……那么若干个循环之后，最初的 100 亿元会成倍数增加，成为 N×100 亿元。这个 N 就是货币的创造乘数。

创造乘数 N 的大小，取决于货币循环的速度。循环速度越快，那么乘数也就越大。通俗地说，货币的循环越快，企业 A 的效率就越高，那么企业 A 所在的市场中的流通的货币量也就越高，也就是通常所说的 M2 越高。

由于货币有创造乘数的作用，在货币投放到市场中去时，遵循资本的逐利性以及企业经营利润最大化原则，资本化的货币会集中到市场上最能够获利的行业或者说最能够投机的行业中去，比如不动产和股票，以及艺术品、影视等娱乐行业。这些投资的扩张会加剧整个社会收入的不平等局面，最终危及社会的稳定性。所以，过分专注货币政策必然导致这样的结果。

强调财政政策决定货币政策的最佳结果，是以不强调货币资本化的最佳经济效果为前提的。财政政策强调的是货币的普惠性结果而不是货币的经济利益最大化结果。换句话说，财政政策更加强调货币政策的社会性目标（比如防止收入不平等加剧），单纯的货币政策必然使得货币投向经济性更强的领域从而加剧社会的不平等，最终伤害整个社会的福利。

那么，一个国家经济政策之货币政策与财政政策在什么阶段以什么政策为主？

总结一下，货币是一种逐利资本，有趋向利益的本性，所以货币政策的使用要防止货币流向容易产生投机性与泡沫化的产业。而财政是一种社会均衡，有趋向就业的本性，所以货币政策通过财政措施能够实现一定程度的社会就业与收入均衡。所以：

①经济繁荣时，多使用货币政策，提高企业生产效率，从而提高国民收入。

②经济衰退时，多使用财政政策，实现稳定的就业率，从而保障社会稳定。

资本约束与组织执行

每次资本主义经济危机或金融危机过后，得到好处的都是资本的持有者尤其是大资本的垄断者，而损失最大的是社会大众。危机之后的救市行为，多数是借助货币政策进行的，首先获得救助的都是大企业、金融机构等本来就处于利益顶层的资本持有者。对他们而言，似乎"大到不能倒"，似乎承担着救赎整个社会经济的责任，似乎承担着社会最为广大的就业……而实施上，最需要救助的乃是承担着社会绝大多数就业岗位的中小微企业。但是，由于货币资本化的本性，乃是追逐利益最大化，这些能够创造工作岗位的中小微企业，因其利薄"人微言轻"不受资本待见。资本青睐的是金融机构和大企业。这样的结果就是金融机构和大企业的盈利能力与中小微企业之间拉大差距，从而也拉大了社会不同阶层之间收入的差距。

金融机构和大企业轻易被 QE，轻易获得大量资金投入，从而扩大它们的收入水平。同时，也表明金融机构和大企业的债务增加。我们清楚，多数时候危机都是债务问题引起的，因此 QE 养肥了金融机构和大企业，而它们回报给整个社会的是收入差距的扩大和下一次危机的酝酿。

从这可以看出资本往往会借助人性贪婪和自私的本性，因此必须对资本进行严格的约束，否则必将在所谓的效率前提下失去大部分的社会公平！

那么，该如何约束才能使得资本最大化地服务整个社会的各个阶层，使得整个社会的发展呈现稳定的局面呢？

常说的"一管就死，一放就乱"，说的就是制度制约的难度问题。这个"度"到底要怎样拿捏才是合适的、合理的？如果制度过于严苛，必然挫伤资本持有者投入资本创造就业岗位和提供给社会商品或服务的积极性，那么整个社会的活力就会受到极大的遏制，最终给整个社会的创造蒙上阴影；如果制度过于宽松，就会导致资本朝着利益最大化的行业集中，结果是行业发展的过度竞争最终压垮整个行业，以至企业倒闭、工人失业，社会进入无就业无收入的动荡状态，对整个社会的稳定构成威胁。这个"度"到底要以怎样的标准衡量呢？

我认为有三个方面的标准：

①建立健康的义利观，企业追求利益无可厚非，但基本的社会责任和道德标准要遵守。

②建立持续的价值观，企业的价值不仅仅是钱，更重要的是对整个社会的就业和收入水平的责任和贡献。

③建立负面清单制度，约束企业不能跨越界限，有对企业合规经营的鼓励和违规的处罚。

再好的制度，如果不能有效地执行，那都是空谈，甚至是具有欺骗性的。

再好的制度，如果不能与时俱进，也是不合时宜的，甚至是具有阻碍作用的。

再好的制度，如果初心就错了，那么最终的执行结果也一定会有偏差，甚至谬之千里。

再好的制度，如果只是借着民意的名义，实则是为了极少数顶层的利益，那么最终将伤害到广大民意。

一项好的制度和落地有声的执行，需要经过一段时间"实践—改进—再实践—再改进"的不断循环提升的过程，才能成为一项行之有效的好制度。而这样的过程，需要掌握政权的阶层具备组织有力、眼光长远、执行到位、有错必纠的组织团队；是一个以广大群众利益为核心的组织团队；是一个有着坚定理想信念的组织团队。

这个问题在西方现有的体制下难以做到具备连续性和长远性。因为西方的多党制选举，竞选中关注的是如何取得政权，执政中关注的是如何在短期内取得成果来"呼应"选民，而不是国家的长远发展。

无论组织架构再怎样合理的政党组织，都是需要一个能力强的核心领导团队，才能奔赴目标，不断前进。

毫不夸张地说，在选择自私的聪明人和公正的不那么聪明的人时，宁愿选择公正的不那么聪明的人。因为，自私的聪明人其行为会危害社会大众；而不那么聪明的公正的人，能够秉持正确的价值观造福于民。

过于追求效率的结果必然是损伤社会的公平。在经济发展到一定阶段之后，社会的公平成为更重要的需求，成为衡量执政者能否在不同利益群体之间产生利益纷争时秉持公正的态度和心理，并为整个社会均衡的发展创造最好的条件，为整个社会的和谐创造最大公约数。

中国会陷入日本式的大衰退吗？

要回答这个问题，首先要清楚日本长达 15 年的大衰退到底是什么原因促成的（这个在上面已经有阐述，主要表现为：国土小，资源缺，人口不多，国内市场有限，政治保守，领导人偏右，政府更换频繁，政策连续性有欠缺；美国为首的西方国家逼迫日本签订广场协议，日元大幅升值，吸引大量西方资本进入日本，使得日本资产价格暴涨导致巨大泡沫；20 世纪 90 年代初泡沫破裂之后，引起大量个人和经营正常的企业资产负债表出现严重失衡，直接导致企业追求利润最大化转向负债最小化，整个社会的总需求出现巨大缺口，并引发资产负债表衰退）。中国现在的社会与经济背景是什么，才能够从中汲取有益的经验与教训去避免类似情况发生。可以从以下几方面分析：

其一，日本 20 世纪 80 年代后期的社会情况：从 20 世纪 50—80 年代，30 年的和平环境，加上搭冷战的便车，日本经济取得了超乎寻常的发展，国民生产总值年均增长近 10%，被世人称为"日本经济奇迹"。1985 年日本 GDP 总量达 1.3 万亿美元，同时期的美国是 3 万亿美元，而老牌资本主义国家英国与法国的 GDP 总量加起来才勉强接近日本。经济快速发展，商品竞争力强（家电、汽车、工程机械等）；对美对欧贸易顺差迅速拉大，引发相互之间的贸易摩擦。

今天的中国，从 2001 年 11 月加入世贸组织 WTO 以来，经济取得长足发展。GDP 总量不断超越法国（2002 年）、英国（2006 年）、德国（2007 年），在 2010 年超越日本成为世界第二大经济体，2018 年中国的 GDP 达到约 13.2 万亿美元，超过欧元区 19 国 12.8 万亿美元的总和，2018 年中国的 GDP 总量相当于美国的三分之二；2018 年，中国外贸进出口总额首破 30 万亿人民币超过美国，成为全球最大的贸易国；全球

500 多种工业产品中，中国约有 220 种产品，产量位列第一。

今天的中国也有类似日本当年的情况，中国已经成长为全球第二大经济体，是工业门类最完整的国家，是全球产业链最重要的国家，被称为"世界工厂"。外贸进出口总额全球第一，外贸顺差尤其是对美国的顺差巨大，时常产生跟贸易伙伴之间的贸易摩擦，反倾销调查此起彼伏。

其二，广场协议影响巨大：1985 年 9 月 22 日，美国、日本、德国、法国以及英国的财政部部长和中央银行行长在纽约广场饭店举行会议，达成五国政府联合干预外汇市场，诱导美元对主要货币的汇率有秩序地贬值，以解决美国巨额贸易赤字问题的协议（因协议在广场饭店签署，故该协议又被称为"广场协议"）。此后，日元迅速升值。当时的汇率从 1 美元兑 240 日元左右上升到一年后的 1 美元兑 120 日元。由于汇率的剧烈变动，由美国国债组成的资产发生账面亏损，因此大量资金为了躲避汇率风险而进入日本国内市场。又逢 20 世纪 80 年代后期美国的金融危机[1]，导致美元贬值大量流入日本，使得日本资产价格暴涨，股票、地产等行业泡沫泛起。

1　在 1987 年夏季，市场环境发生变化，不断恶化的经济预期和中东局势的不断紧张，引发利率开始上涨，市场出现对经济扩张质疑的声音。1987 年 10 月 19 日，著名的黑色星期一……据统计，在从 10 月 19 日至 26 日的 8 天内，因股市狂跌损失的财富高达 2 万亿美元之多，是第二次世界大战中直接及间接损失总和 3380 亿美元的 5.92 倍。美林证券公司的经济学家瓦赫特尔因此将 10 月 19 日、10 月 26 日的股市暴跌称为"失控的大屠杀"。

当然，今天的中国问题依然众多，也依然严重，不容闪失。尤其是2008年美国次贷危机引发的全球金融危机，之后各国央行的大量QE，导致流动性过剩的严重后果，资产价格尤其是房地产价格暴涨，成为经济运行过程中最严重的问题。好在中国的股市以自己的特色，没跟随通常流动性过剩下的房市股市双双高涨，股市依然相对低迷，近10年来，中国中央政府尤其是最近几年都致力于"去杠杆、去产能、去库存"的宏观调控，房地产市场的泡沫得到一定程度的遏制，使得经济运行相对平稳。这也跟中国中央政府强有力的财政政策和货币政策相互作用有关。中国中央政府对房地产价格的严格控制（限购、限贷、限售等措施严格执行，地方政府负直接责任），限制其泡沫化；同时中国的金融市场受到严格管制，人民币不能自由兑换，保证了中国金融的相对稳定，因此被投机资本做空的可能性几乎没有。同时，中国中央政府具有很强的忧患意识，也有很强的贯穿到底的执行措施，外界对宏观调控虽有一些微词，但总体是平稳可控的，符合人民利益最大化的方向。

2018年，美国特朗普政府高举保守主义旗帜，对中国发动了史无前例的全面贸易战。经过几年的各自加征关税的贸易战，目前达成了第一阶段协议。从中可以看出，美国发起对中国的贸易战，贸易逆差只是一个漂亮的借口罢了，因为中国需要的产品美国都封锁，而大宗商品如粮食、油气等替代性很强。中美贸易战实质上是美国压制中国发展、崛起的一个国家战略。但中国并不是日本，也不是欧盟，中国是东方大国，是一个被西方殖民者凌辱压迫了100多年的有着悠久灿烂文化和智慧的东方大国。美国试图再次演绎1985年的广场协议，那真是一种食古不化的以为"一招包打天下"的思维，就连现在的谈判代表都是当初广场协议的主要人物莱特希泽（前后三十几年，此君当初 40 岁左右，现已 70 多岁了），可见美国实际上思维僵化，跟不上时代了。而中国秉持改革开放精神，在与美国的谈判中秉持东方式智慧，即"谈可以，打奉陪，欺妄想"的原则，获得国际上广泛的支持。今天的中国，早已不是 100 多年前的中国，也不是 1949 年的中国。经历了五千多年风风雨雨的中华民族，什么样的阵势没见过？美国发起的对华贸易战，不过是中国发展进程中的一道坎儿，没什么大不了。中国最重要的就是做好自己的事情！

因此，中美贸易谈判还有可能是类似"广场协议"的情况吗？中国是独立主权国家，而日本是主权不完整、被人牵制的国家，不得不签，而中国绝对不会。

其三，1985—1986 年，随着日元急速升值，日本企业的国际竞争力虽有所下降，但是国内的投机气氛依然热烈。1987 年，投机活动波及所有产业。1989 年 12 月 29 日，日经指数达到最高 38915.87 点，此后开始下跌，土地价格也在 1991 年左右下跌，泡沫经济开始正式破裂。到了 1992 年 3 月，日经指数跌破 2 万点，仅达到 1989 年最高点的一半，8 月，进一步下跌到 14000 点左右。大量账面资产在短短的一两年间化为乌有。由于土地价格也急速下跌，由土地做担保的贷款出现极大风险。当时日本各大银行的不良贷款纷纷暴露，对日本金融造成严重打击。从此日本经济在达到最高峰之后进入了长达 15 年的大衰退。大量企业陷入了严重的资产负债表问题，企业面临技术性倒闭，企业高层和主要的财务人员不得不封锁消息。债权人也希望企业经营下去慢慢还债，大量的个人因泡沫问题或收入减少或失去工作，不得不取出储蓄补贴家用，整个社会面临需求不足的巨大缺口。

而中国在度过最初的十多年改革试探后，在 20 世纪 90 年代掀起新一轮的更大更广的改革开放，90 年代痛苦的分税制、国企改革分流下岗（剥离那些社会职能、企业改制、建立现代企业制度等，可以理解为应对资产负债表衰退的一种手段）。近几年来面对房地产市场的泡沫问题以及其他行业的去杠杆动作，也可以理解成应对资产负债表衰退的手段，目的是使得企业的资产负债表是健康可控的。这些都跟一个强有力的中央政府战略谋划与地方政府的执行力有关，跟宽严适度的财政政策和货币政策相结合有关，跟中国人民勤劳和俭朴的优良传统有关。

其四，日本每次的发展不是赶在工业革命的开始，都是半途上车，但善于学习并超越。而中国在前三次工业革命[1]中都没有把握住发展机遇，之后充分发挥规模巨大的市场和国家集中力量的优势迅速领先，并在第四次工业革命中有一部分处于领先地位。总体上看，日本的学习能力很强（19 世纪 70 年代的明治维新就是日本从向中国学习转为向

---

[1] 第一次工业革命：18 世纪 60 年代开始，标志是瓦特发明蒸汽机；第二次工业革命：19 世纪 70 年代开始，标志是电力的广泛运用，主要是西门子发明发电机、爱迪生发明电灯和贝尔发明电话；第三次工业革命：20 世纪四五十年代开始，标志是以原子能技术、航天技术、电子计算机的应用为代表，包括人工合成材料、分子生物学和遗传工程等高新技术。

西方学习的开始，并且取得巨大的进步，很快打败曾经为师的中国），但这个民族由于环境塑造的民族性等，其划时代的创造性一般。反观中国，1840年之后，100多年的沉沦受尽屈辱，触底之后开始自力更生、努力学习，尤其是改革开放之后的中国学习能力也很强，在不断学习西方好的技术与管理的同时，划时代的创造性正在迸发。

其五，中国有统一的全国大市场，人口众多，工业门类齐全。经济发展的外贸依存度在改革开放的前二三十年里都很高，但最近十多年外贸依存度逐渐降低，经济的发展越来越依靠科技进步和国内消费来支持。同时，中国对外更加开放的体系，包容性发展的"一带一路"等是日本无法比拟的；中国的政治制度有集中力量办大事、集中力量对付困难、集中力量应付外部威胁等方面的优势，中国人民有齐心共圆中国梦的理想信念，这个是日本式民主无法做到的。外向型经济的比重太大、人口有限与国土空间狭窄以及外贸依存度太高是日本难以转圜的根源。

从以上五个方面总结来看，中国不会出现日本式的大衰退乃至美国式的大萧条。但日本式的大衰退和美国式的大萧条的教训值得吸取。

日本大衰退和美国大萧条给世界的经验教训

日本大衰退和美国大萧条给世界的经验与教训主要有以下几点：

①日本的资产泡沫主要是由内部的金融政策过于宽松、外部的被迫签订广场协议、外部资金进入日本几乎没有管制所导致。这告诉中国的执政者，金融管制是必要的，尤其是这样一个弱肉强食的世界，金融必须看管好大门。金融是国家经济的血液，肢体受点伤，早晚能恢复；血液要是有毛病了，问题就太大了。因而，成立国家金融稳定委员会是很有必要的。

②日本资产泡沫破裂之后，资产负债表无论是个人的还是企业的，都出现了很大的问题，给社会的总需求造成了巨大影响。因此，对中国而言，如何防范资产负债表衰退是一个必须时刻予以关注的问题。"去产能、去杠杆、去库存"本质上就是防止企业甚至是个人的资产负债表出现重大问题。绝不能为了所谓的 GDP 而去做大做高资产价格，而是要把资产价格尤其是股市和房市价格控制在合理的范围内。

③经济的发展难免出现阶段性的衰退。当衰退来临时，切记不要片面地认为是市场的流动性不足而毫不犹豫地进行QE或者宽松货币政策。要弄清楚是不是流动性不足的问题，即使是宽松货币也要有的放矢而不是大水漫灌式的宽松。单纯的货币政策解决不了最重要的就业和收入问题，因此货币政策的有效必须建立在积极合理的服务于大多数人的财政政策上面，也就是说货币政策要通过财政政策达到服务社会大众的目的，而不是货币政策最终因货币的资本化而流向财富最集中的地方去，从而损害了大多数人的利益而成就极少数人的利益最大化。

④预见与防范化解危机的人无论事先多么大声地呐喊都无济于事，因为一个英雄需要的是一场货真价实的灾难，没有人会记住那些事先意

识到并成功将灾难化解的幕后英雄。但对我们这样一个似乎什么都很脆弱的时代，任何蛛丝马迹的媒体报道，都可能会引发蝴蝶效应，摧毁看起来是牢不可破的经济大厦，因此，防范危机发生的幕后英雄比什么都重要！政府的有识之士需要时刻惦记资产负债表衰退的问题。美国大萧条的发生就是基于时任总统胡佛的错误判断，致使美国被卷入恶性循环通货紧缩的旋涡，仅仅四年间 GDP 下降 46%，全国范围内失业率升至25%。这个错误判断就是：他认为由股市投机者引发的股市暴跌不能成为扩大政府支出的合理理由。

第三章　统一市场

地球很大，但它是个村

当我们徒步走过一个社区时，一个小时行进 5 公里；

当我们跑步丈量一个城市时，一个小时行进 10 公里；

当我们骑车穿行一个区域时，一个小时骑行 20 公里；

当我们驾车奔行一个城际时，一个小时行驶 100 公里；

当我们搭乘飞机去外地时，一个小时飞行 800 公里；

当我们搭乘国际航班飞行时，一天内基本能够到达世界的每一处……

当速度足够快的时候，时空的原有概念都会发生变化：牛顿的力学原理要转到爱因斯坦的相对论上去了。时间是静止的，空间是多维的。

现代交通的便捷，已经把蓝色的星球变成了一个村落。原先跟我们毫无关系的地球那一端，现在已经与我们的日常工作与生活密切相关。美国一个政客的谎言，就足以让全球的股市因之震荡；英国公民的脱欧公投，也足以在短时间内震荡全球神经；2020 年初，把中国突发疫情当成笑话看的西方人，还没来得及充分享受自由的空气，在中国人民同心协力抗击新冠肺炎疫情取得阶段性胜利之际，迅速地在 2020 年 3 月陷入了绝望的旋涡……

这个曾经居住过超千亿人类的星球，这个今天还居住着超过 70 亿人类的星球，从没有像今天这样如同一个地球村，不同国家之间、洲际之间、不同人种之间和不同民族之间，似乎没有缝隙地构成了一个命运共同体，尽管在意识形态上高高在上的西方政客和他们影响下的本国国民认为有至上的优越感，但在共同面对的灾难和危机面前，其实已经都无可逃避。

2020 年 3 月 24 日，网络上出现了一封题为《我们可以从新冠病毒疫情中学会什么》的公开信。

冥冥中自有深意。我坚信，无论是好是坏，眼下所发生的一切事情背后自有深意。

在我深入思考这件事时，我想与大家分享自己的心得：新冠病毒对我们到底意味着什么？

①它提醒我们，无论文化、宗教、职业、财富或声誉，我们人人平等。在病毒面前，我们更是人人平等。或许，我们也该平等对待所有人。如果你不信，可以去问问汤姆·汉克斯。

②它提醒我们，我们所有人的命运息息相关，对个人的影响，也是

对大家的影响。它提醒我们，我们所筑起的错误高墙意义寥寥，因为病毒依旧畅行无阻。它也提醒我们，我们虽眼下困难重重，但有更多人一生都困难重重。

③它提醒我们，健康是无价的，但我们的生活方式却把健康抛之脑后，吃着无营养的加工食品，喝着污染过的饮用水。如果我们继续无视健康，疾病终究还会困住我们。

④它提醒我们，人生短暂，互帮互助才是真谛，帮助老人、帮助患者，才是我们真正该做的。不要把生命浪费在抢购厕纸上。

⑤它提醒我们，我们的社会是多么物质至上，当困难降临，我们才知道必需品（食物、水、药品）才是我们的真正所需，动辄上万的奢侈品给不了任何帮助。

它提醒我们，陪伴家人的重要性，也提醒我们，曾经错过了多少团聚的时光。它迫使我们回到家中，与家人团聚，巩固家庭纽带。

……

是选择以邻为壑还是与人为善，稍有见识的人都能够明白。但在眼前的利益面前，多少人还是画地为牢自筑高墙，一再错失共同抗疫的良机。地球虽大，但现在确确实实就是一个村子了。如果硬说不是，那一定不是指地理上的，而是指心理上的。

全球化与割裂的全球市场

尽管如此，出于各种地理和历史的原因，从市场的角度看，地球村还是有着相当多的市场"篱笆"：各种地理的、人为的、文化的和宗教的。下面我们来看看全球化的进程，就能够大致清楚这就是一种利益格局重新划分的进程，伴随着这个进程的是不同地区在不同文化、宗教等影响下的冲突，最终形成了今天这种布满既得利益国家痕迹的全球大市场，既割裂又统一。说它统一，意思是已经没有一个角落可以于世界市场之外而独立存在；说它割裂，意思是基于历史等因素造就的不同区域之间严重的不平等，这是世界大市场最大的负面因素，也是造成世界不和谐的最大的因素之一。

第一次的全球化始于 1500 年前后的西方大航海。

虽然中国的明朝在 15 世纪上半叶开始了波澜壮阔的郑和七下西洋（1405—1433 年）的大航海活动。但真正意义上的大航海活动是发生在 15 世纪末和 16 世纪初葡萄牙和西班牙的航海探险活动，随即开始了第一轮世界范围内的殖民活动。大航海活动的结果是西班牙和葡萄牙开始了对拉丁美洲的殖民侵略，对非洲的殖民侵略，对印度次大陆和东南亚的殖民侵略。

西班牙和葡萄牙的殖民侵略，掠夺回来的金银财宝，用于王室贵族的奢侈生活，导致物价飞涨，相当于今天的输入型通货膨胀，反而把地中海沿岸刚刚萌芽的资本主义手工业挤垮了。迫使这些手工业逐渐向西北欧的荷兰和英国转移，最终使得工业革命在英国首先实现。荷兰之所以没能实现最初的工业革命，主要原因还是国土面积太小、人口有限；其二，荷兰的优势是建立在海上贸易上，国内手工业不发达；其三，荷兰当时的航海技术主要用于捕鱼，这个行业的发展因当时的食品保存时间和内陆运输条件的限制，导致市场有限。而英国致力于棉纺织业和毛纺织业的发展，原料和成品的保存时间和运输便利可以适应更大范围的市场和更长时间的销售，在原料和市场方面具备领先条件，从而爆发了工业革命，开始了日不落帝国领先全球的发展进程。

第二次的全球化始于工业革命之后的大殖民。

18 世纪后半叶发生的三次革命，从根本上改变了整个世界。那就是始于 18 世纪 60 年代的英国工业革命、始于 1775 年的北美独立战争和 1789 年的法国大革命。英国工业革命开始了人类社会从封建社会向资本主义社会的进程，开始了资本血腥的积累进程。英国贵族和资本家通过"圈地运动"开始了"羊吃人"的资本主义生产关系建立的过程，以"血腥立法"迫使失地农民将自己的劳动力交付给矿业、制造业以及其他产业的老板。

为了获取原料和市场，这个时期以英国和法国为代表的殖民国家开始了全球资源的掠夺和全球市场的占领，随着它们之间因利益冲突爆发了一次又一次的殖民地战争。美洲富含矿产地区的发现，美洲原住民人口的减少，对东印度群岛资源的开发和抢夺，将非洲转变成黑奴交易中心等，这些都是资本主义时代资本的原始积累。原本作为欧洲殖民地的美国，独立之后也开始了疯狂的殖民扩张，先是在北美大陆向西向南的扩张，之后在 19 世纪 60 年代南北战争之后也开始了海外扩张。西方殖民国家以不同的方式完成了资本的原始积累的顺序是：葡萄牙、西班牙、荷兰、英国、法国、俄罗斯、德国、美国和日本等。

　　马克思在《资本论》里对这些殖民侵略的历史多有提及，即美洲的发现和殖民化；美洲珍贵矿产被开发并运送到欧洲；美洲奴隶制的发展以及非洲黑人成为劳动力；征服东方市场以及部分东方地区开始殖民化；欧洲列强争抢商业和贸易财富，所采取的贸易政策导致世界范围的战争；加强国家军事、行政和财政能力；发展公共信贷等。这些能力的建设与发展最终由英国以综合了所有的殖民方式来完成，包括殖民政权的设立、公共信贷的发展、现代金融的建立以及保护主义制度等，完成了资本主义全面替代封建主义的过程，完成了资本主义向帝国主义的过渡。

　　伴随着资本主义向帝国主义的过渡，后发的国家比如德国、日本等，在经济发展的同时发现世界的殖民地格局已经形成，留给它们的土地、资源和市场已经屈指可数。所以，它们对原先的主要殖民者比如西班牙、法国、英国、俄罗斯甚至是荷兰、葡萄牙等有了很多不满，要求重新瓜分利益的呼声伴随着战争的枪炮声一同响起。1885 年 2 月帝国主义召开"分赃会议"，签署柏林会议《总议定书》，标志着瓜分非洲高潮的到来，到 19 世纪晚期，帝国主义几乎使整个非洲被瓜分完毕。1898 年美西战争揭开美国向拉美全面扩张的序幕。随后，美国交替推行"大棒政策"和"金元外交"的政策，加紧侵略和控制拉美地区。在亚洲，19 世纪末和 20 世纪初，由于帝国主义在亚洲激烈地争夺殖民地和势力范围，使亚洲各国殖民地半殖民地化程度进一步加深。19 世纪末，侵略者们把亚洲分割完毕。

即便如此，帝国主义之间由于分赃不均积累的矛盾终于在 1914 年总爆发，开始了第一次世界大战。而第二次世界大战的爆发，仍然是分赃不均的结果，只不过第二次世界大战才是真正意义上的世界大战，席卷了整个世界，而不像第一次世界大战本质上还是一场欧洲大战。

第三次的全球化始于二战之后东西方冷战对抗，但 2008 年之后出现了逆全球化。

早在 19 世纪上半叶，在北美独立战争的鼓舞下，拉丁美洲开始了摆脱葡萄牙和西班牙殖民统治的进程。在 19 世纪最初的二三十年里，拉丁美洲的海地、哥伦比亚、巴拉圭、委内瑞拉、阿根廷、智利、秘鲁、巴西、玻利维亚、乌拉圭等纷纷实现了国家独立。一战之后亚洲与非洲的很多国家诸如也门、阿富汗、埃及、伊拉克、尼泊尔等也纷纷脱离殖民宗主国实现独立。二战之后，亚非拉大部分未曾独立的国家基本上实现了独立。1990 年非洲国家纳米比亚的独立，标志着国际帝国主义殖民体系的最终瓦解。

二战之后，以意识形态划分的国家阵营很快形成，世界进入了冷战状态。为了增强各自的力量，以美国为首的西方阵营，开启"马歇尔计划"，资本主义开始了全球化；以苏联为首的社会主义阵营，也开始分工合作的"莫托洛夫计划"（后来发展成为经济互助委员会）。从一定角度上看，都是在进行各种范围内的全球化。最终是以自由市场为旗帜的西方阵营，取得了对以计划经济为纲领的苏东阵营的全胜而告终，世界进入了西方远胜于东方的全球化。这其中从 GATT（关贸总协定）到 WTO（世贸组织），从中国的改革开放迈开脚步到中国迅速融入全球经济，迅速成长为全球的制造业中心，无处不充满全球化的烙印。

但 2008 年之后，世界上逆全球化的经济民族主义兴起，比如意大利五星运动、法国黄背心运动、英国脱欧、美国特朗普政府的美国优先等，都是逆全球化的经济民族主义的表现。曾经的"地球村"观念在一些国家正在被贸易保护、边境修墙、控制移民等思潮掩盖。而与此同时，以中国为代表的发展中国家主导的全球化正在世界经济体系中扮演越来越重要的角色。

第四次的全球化始于"一带一路"构建的人类命运共同体。

二战之后的全球化进程，导致西方出现了全球化赢家与输家之间的结构性对立。所谓"现代化输家"，是指在西方经济、社会、文化与政治持续变迁过程中出现的，不能适应现代化进程，地位与声誉受到影响并遭受社会排斥的收入低、受教育程度低的群体。这个群体表现出反全球化和反精英的态度。

从现象上看，就是西方世界原先高高在上的地位在全球化过程中相对地降低了，它们原先的利益也相应地减少了；这种现象的出现使得西方中心主义者心里十分不乐意，十分不情愿。西方世界崇尚"物竞天择，适者生存"的社会达尔文主义（自由资本主义的本质就是社会达尔文主义），相信自己是优秀人种，不希望看到别人尤其是非白色人种主导的国家发展起来，想方设法阻止和恶心其他被它们认为不应该发展起来的国家。它们更多考虑的是自己赢，从未考虑双赢或者多赢。

而事实上，世界的变化并不以所谓高呼的"民主自由人权"为根本，而是实实在在地以发展为要义。基于"民主"的发展，已经被西方政客玩得不成样子，众多被他们以民主的名义搞所谓的民主的国家，至今挣扎在动荡之中，甚至比起以前还要差很多；而基于发展的"民主"却越来越成为众多发展中国家实践的模式。

人类社会发展的脚步是一直向前的，近 500 年的发展历史，就是全球化的历史，虽然其中伴随着大量的战争和曲折，但全球化的脚步一往无前。逆全球化的思潮和动作，一定是这个时代不和谐的杂音，终将被历史前进的脚步所淹没。

从来没有一场危机像 2020 年开始的新冠肺炎这场全球性的公共卫生危机那样，把全人类的命运紧紧地联系在一起；从来没有像今天这样，一个"人"可以声称自己置身事外；从来没有像今天这样，全人类需要不分彼此不分意识形态不分种族不分贫穷富贵，团结起来才能应对人类共同的敌人。

尽管如此，整个世界目前看还是割裂的市场，西欧北美拥有发达的制造业和金融等服务业市场，发展状态是步履蹒跚；东亚发达的制造业和规模巨大的消费市场，发展环境损伤太多；非洲和西亚拥有丰富的能源和原料产地，但发展的情况步履维艰；拉美拥有丰富的自然资源和市场潜力，发展却陷入了"中等收入陷阱"。

这些市场之间，还存在很多的贸易壁垒和保护主义阻碍，市场之间的要素流动也一样面临着西方垄断金融资本秉持的自由主义金融的侵扰。时不时制造的金融危机和"薅羊毛"行动，将多年的积攒一扫而空，虽然帝国主义殖民侵略的历史早就结束，可经济殖民的方式方法却从未离开。

市场的创造者和组织者：有为的重商主义政府

市场是怎样形成的？

从历史的角度看，市场是经济发展到一定阶段的产物，是商品类型增多和商品使用范围扩大的产物，是从生产原料来源、生产过程协作、产品销售过程等不同行业分工的产物。市场的形成经过了漫长的历史过程，因为原先基于自给自足经济的农业社会，商品交换的类型很少，商品交换的范围也很有限。而且在农业社会统治者并不希望因为商品流通的扩大影响他们统治的稳固。总体来看，农业社会的政府是重农主义政府。中国封建时代的历朝政府、欧洲的法国以及很多同时代的国家，基本上都是以重农主义政府为主导，对以市场为主导的经济基本上持怀疑和敌视态度，千方百计地对市场经济进行干预。

当然，也有像英国那样的国家，因为地处欧洲的西北海外，经济发展更多地依赖外部的原料、资源和销售市场，希望通过更多的外部市场，实现本国产品的对外销售。于是在商人利益集团的影响下，英国的政府逐渐成为重商主义政府，因为他们已经从限制外国的制造业产品进口、鼓励和增加本国的制造业产品出口等方面获得很大的利益，使得国家和商人都变得富裕。因为制造业和农业不同，更适合于因劳动分工而形成规模经济效益。所以，一个重农主义的政府是不可能把国家的利益建立在制造业产品的出口之上的，也就不可能获得对外经济活动足够的外汇资金。亚当·斯密的《国富论》[1]正是诠释着17—18世纪英国发展起来的初期资本主义工商业活动给整个国家带来的经济活力：国富了！

在英国，原始工业化发生在16—18世纪，组织生产、融资和销售的任务是由商人利益集团完成的。当然，这里面政府起到重要的推动和鼓励作用。政府要和外部的欧洲大陆国家因各种利益而打仗，需要耗费很多的钱财。于是，商人利益集团成为政府财政的重要债务来源。从此，政府和商人利益集团成为一个利益联合体：政府需要钱打仗，商人可以借钱给政府，但政府必须让渡一些权力给商人利益集团。英国的议会形成和最终的君主立宪制度形成，就是君主和商人利益集团既斗争又妥协的最终产物。从这个角度看，英国的政府是重商主义政府，对推动英国成为日不落帝国起到关键的作用。

事实上，欧洲民族国家的崛起，几个世纪的国家建设，新兴欧洲列强依靠商业繁荣和海外殖民地来支撑的军事竞争和绵延不断的战争也随之而来。重商主义商业政策和实践，国家领导和扶持与策划的全球化市场化，给英国和欧洲其他国家带来了大量的财富，催生了大量的富有商人和暴发户。而这些对利益极其看重的商人利益集团，在政府强有力的支持之下主动出击，成为殖民先锋和全球化市场化的使者。这些强大的商人利益集团的出现，为英国工业革命提供了必要的经济和政治条件，也为工业革命首先在英国爆发创造了先决条件。

总体来看，商人利益集团的出现与发展壮大，全球化和市场化的发

1　亚当·斯密. 国富论. 北京：作家出版社，2017.

展，是经历了漫长的几个世纪才逐渐有了雏形。也就是说，即便是有了重商主义政府的支持，市场的形成还是要经历很长的历史过程，才能够形成一定规模，而且这期间又经历了残酷的殖民杀戮与掠夺，经历了残酷的对本国农民的驱逐和对工人的剥削。

从人类社会发展的曲折过程看，市场是最昂贵的公共产品。

文一在其著作《伟大的中国工业革命》[1]一书中，鲜明地提出了"市场是个昂贵的公共品"：

"贫穷、落后或工业化失败，在任何时候任何地方，都是社会协作失灵的产物。"而市场，从头到尾，最重要的就是"协作"。在生产工业品的过程中需要"协作"，在销售工业品的过程中需要"协作"，在更大范围内进行生产原料的组织，更需要基于分工"协作"……因为只有分工，才能够使得规模得到发展，才能够实现规模的效益。

"资本主义物资富裕的基础是建立在劳动分工基础上的规模化生产，从而使昂贵的工业品变得廉价，使分散低效的劳动变得有组织和高效。但是，规模化生产的前提条件是安全、可靠、有序的统一市场。"比方说，统一的产品标准、统一的度量衡标准、统一的结算货币或汇率等。

问题是，这个"安全、可靠、有序"的市场不会自发形成。即使能够有一定程度的雏形，但远远不能满足不同区域之间商品交换的需求。"安全、可靠、有序"的市场，要达到满足各个区域之间无差别的畅通

1　文一. 伟大的中国工业革命. 北京：清华大学出版社，2016.

程度，需要付出高昂的社会治理成本。"安全"需要强力的干预和保护，"可靠"需要执行严格的法律与规则，"有序"需要建立人与人之间的信任和制约。这些"安全、可靠、有序"的获得，需要政府和市场参与各方付出巨大的协作努力才能够成为现实。因此，文一认为：

"'自由'市场本身既不'自由'也不'免费'，而是一种昂贵的公共品，而且是所有生产交换获得最基本的公共品。这一公共品的基石便是社会秩序和社会信任。换句话说，自由市场从来不是免费提供的，更不是天然就存在的。市场的规模越大，市场创造（和参与）的固定成本就越高。因此即使已经拥有了民主、法制规则、私人产权制度和订立合同的自由，市场，特别是'安全、可靠、有序'的大规模统一市场，在自由放任环境下并不会自动产生和运作……今天仍然观察到发展中国家的大规模贫困和无力实现工业化的沮丧以及'中等收入陷阱'，尽管这些国家不断掀起过轰轰烈烈的'市场化、私有化、民主化'的改革浪潮。"

"英国工业革命的'秘密'恰好是建立在英国政府不择手段的全球市场开拓基础上的。在文艺复兴后欧洲列强开辟和创造世界市场的几百年间，由于远洋贸易巨大的成本和安全风险，欧洲商人集团的远洋探索和全球贸易都是'武装贸易'，是由国家军事力量支持和背书的，而且是靠跨国贸易中巨大的离岸和到岸价格差与垄断暴利来激励的。"

总而言之，市场的创造和组织，虽然必须有商人利益集团基于利益激励来推动，才能达成市场自发而无法达到的规模和利益，但是其背后的强大力量维持着"安全、可靠、有序"营商环境，才是市场效率和经济利益得以实现的根本保障。这个强大的力量来自重商主义政府。

因此，有为的重商主义政府能够促使市场"安全、可靠、有序"，能够使得市场最大限度避免无序竞争导致的市场失灵；也正因为重商主义政府的有为，才使得市场这个昂贵的公共品最终惠及全体民众，使民众获得更便宜的性价比高的商品和服务。

前面提到，这样强大的商人阶层直到改革开放之前的 1978 年，在中国是不存在的。因为新中国成立之后，中国实行了以土地国有（城市国有、农村集体）为基础的生产资料国有制，中国根本不可能存在类似英国和欧洲许多国家起到关键作用的商人阶层。而要在短时间内产生一个商人阶层显然也是不可能的（相对于欧洲和英国经历了两三个世纪才培育和发展出了商人阶层）。那么，在没有内部的商人阶层的资本积累和外部的类似于殖民侵略掠夺财富的情况下，中国是如何在改革开放初期就点燃工业革命的火花的呢？

秘诀在于中国农村的村镇政府结构和土地集体所有制上。村镇干部既是政府官员，又是村办镇办企业的 CEO；土地的集体所有制，使得广大的村民能够以其集体土地的使用权和家庭储蓄入股成为乡镇企业的初始资本。有了初始资本，发展的起点就有了，政策的推动也开始了。[1]

基于中国乡村熟人社会的信任和习俗的延续，乡镇干部（基本上是本地人）尽心尽力地为乡镇企业的生产和销售劳心劳力，成为他们造福乡民的核心思想，贫穷了百年的民众是多么需要吃饱饭、穿暖衣、住楼房、走好路。于是，有了初始资本，加上勤劳的民族特性和奔富的理想

---

1 文一．伟大的中国工业革命．北京：清华大学出版社，2016.

信念，中国以乡镇企业为代表的工业化迅速展开，并在各级政府的重商主义思想下迅速形成了统一的国内大市场，虽然时不时有地方保护主义的面目涌现出来，但最终这些都消于无形。

从总体上看，中国的重商主义政府分成三个层面：

①中央层面：战略性发展规划，全国一盘棋发展。从开始的沿海特区、沿海城市、沿边城市、到后面的国家级新区、自贸区、国际旅游岛、大湾区等；从某一领域向另一个领域进发；从一部分地区先富起来到实现共同富裕……都践行着循序渐进、试点提升、集中力量、各个击破的大政方针。

②地方层面：竞争性的地方政府，小到乡镇，大到省、自治区、直辖市，不同区域之间的竞争像极了商圈竞争，各有优势各自发展而不至于出现无序的竞争局面，因为有中央政府这一层的战略性规划。

③企业层面：市场化的企业组织，从乡镇企业成长为行业大佬，从国企成长为世界500强的跨国公司，都是在市场化的大背景之下完成的。在市场化的过程中，无论是国有企业、民营企业还是外商投资企业，都在"安全、可靠、有序"的社会大环境之下实现着各自的价值，虽然这个过程有些曲折，但比起西方资本主义社会通过血腥殖民和掠夺建立的大市场，在时间上更短，在实践上更完善，因为改革开放后中国40多年的发展中，世界上差不多每10年就会发生一次经济和社会危机，而中国基本上安然无恙，并在每一次危机过后，对中国经济社会发展都是一次重大机遇。

统一市场的"人、财、物"

我们知道，世界是由不同区域、不同民族、经过不同的历史演化而形成的各种不一样的国家组成的。国家之间因为利益的关系，自然就有很多有形的边界和无形的市场边界。无形的市场边界就是关税、市场准入条件、法律、规则等。而就一国而言，市场的界限也会因不同区域的不同利益而出现若隐若现的各种限制，这些从经济发展的角度看，都是不利于市场形成的障碍。

我们说市场，意思是指经济活动中的各种要素，可以最大限度地不受限制而自由流动。就古典经济学而言，经济活动的生产要素是土地、劳动力和资本。就现代经济而言，三大要素是人、财、物。土地从现代经济的角度看，已经是物化的资本，而"物"就是劳动的对象，"人"就是劳动力的所有者。

所以，讲一个统一的市场，离不开讲这个市场里面的三大要素。这三大要素的流动性程度，代表着市场的自由度，代表着市场的活跃程度，代表着市场的成熟度。很多时候，新自由主义经济学把市场的自由度看作是市场成熟程度的唯一标准，但事实表明，"过度"自由的市场往往会导致市场失灵的情况发生，而这就是经济危机的根源。

市场要运行顺畅，就必须有一些能够消除市场障碍的条件。比如需要建立起一个区域内统一的语言文字、行业标准、交通体系、货币支付、信用体系、网络联结、违法惩戒等各种各样的规则标准和法律制度，为市场的自由运行提供最大限度的保障。当然，面对没有限度的自由竞争

191

可能导致的垄断和市场失灵，也有必要对很多关系国计民生的行业做出行业门槛的限制，以保障最多人的利益。

就中国而言，自从两千多年前的秦始皇统一中国开始，就初步实现了形成全国大市场的基本条件：统一度量衡。春秋战国时期，中国大地上的各国度量衡标准不一，给工商业发展带来很大不便。商鞅变法前，秦国各地度量衡也是不一致的。为了保证国家的赋税收入，商鞅制造了标准的度量衡器。规定1标准尺（约合今0.23米），1标准升（约合今0.2升）。统一斗、桶、权、衡、丈、尺等度量衡，要求秦国人必须严格执行，不得违反。从秦朝开始，历朝度量衡都全国统一，沿袭至今。

秦的统一不仅仅是统一了度量衡，还统一了文字、统一了货币、统一了车辙，还统一了六国。只有统一六国才能在更大的地域市场内实现经济的互补性发展；统一了文字（书同文），就可以促进相互了解和沟通，推动国家的发展；统一了货币才能够使得不同区域之间不同的产品进行交换，促进了经济的活跃和发展；统一了车辙（车同轨），也就能够使得先进的交通工具在更大的范围内使用，促进了流通对经济发展的推动作用。

就今天而言，中国统一大市场是一个涵盖14亿以上人口的大市场，是一个方言千百种、书写统一文字的大市场；是一个生产能力全球最强大的大市场，是一个全球消费能力最强的大市场；是一个全产业链全工业门类的大市场，是一个区域内涵盖着发达地区、发展中地区和后发地区，而且各自潜力无限的大市场；是一个海陆空交通四通八达的大市场，也是一个高铁、城市轨道行驶里程全球第一的大市场……简言之，是全球最大的单一市场。

这一切，都因为我们是一个统一的国家。一个东西跨越5个时区，南北覆盖热带、温带和寒带三个自然带的国家。一个拥有陆地边界2.2万平方公里，陆地面积960万平方公里；海岸线1.8万公里，领海面积300多万平方公里的国家。一个拥有五千年历史唯一文明没有中断过的国家。一个56个民族和谐相处的国家。一个信奉与人为善、共赢发展的国家。

回到市场的三要素：人、财、物。

先讲"人"这个根本性的要素。"物"经过"人"的智力和体力的付出，形成了"财"；"财"经过"人"对"物"的劳动，实现了更多的"财"。经济社会就此运行起来。当然，这一切运行都是在一个基础上进行，那就是"市场"。市场的发育程度，决定着"人、财、物"这三大要素聚集而成的效果。尽管三大要素各有特点，各有作用，可最根本的要素还是"人"以及"人"的劳动。

人类之所以成为人类社会，缘于人这种高级的动物与众生不同。所以，市场的唯一目的就是人。市场的根本力量，就是分布在世界上各个角落的人们的需求。无论是创造者还是组织者，其目标都是为了满足各个地方人们的需求。因此，我们分析和理解市场，首先要从人开始，从人的数量和人的素质开始。人的数量多寡和经济学的规模效益相关联，人的素质高低包括受教育程度、收入高低等，直接影响着消费需求的升级和市场价值的高低。下面来对比一下主要经济区域人口数量和素质

（2018 年数据）[1]。

	中国	欧盟	美国	日本	印度
人口数量 （万人）/占比	139500 /18.3%	51300 /6.76%	32700 /4.31%	12700 /1.67%	135400 /17.81%
国民识字率[2] （2007）	90.9%	99%	99%	99%	61%
高等教育 25～64岁人口 （维基百科）	约17%	不详	44%	48%	约10%
平均预期寿命	76.4	80.9	78.5	84.2	68.8
人口老龄化 （>65）	15210 /22.58%	10200 /15.19%	5172 /7.68%	3489 /5.18%	8359 /12.41%
占比是指占世界的比例。2018年世界人口大约76亿，大于65岁的人口大约6.7亿 （比例约8.8%）					

1　资料来自网络收集汇总。

2　识字率定义为一个国家当中，15岁以上"成年人"能读写文字的人
　　的比率。识字率能反映一个国家教育普及的程度，也可反映出一个
　　国家的发展水平；另一方面，识字率的增加和国民义务教育的实施
　　以及印刷术的普及等也有关联。

上表说明：2018 年在全世界大约 76 亿人口中，中国人口占比高达 18.3%，印度排名第二占比高达 17.81%，欧盟占比 6.76%，美国占比 4.31%，日本占比 1.67%。

在平均预期寿命上日本高居第一，接下来是欧盟、美国、中国和印度。也正因为如此，日本在老龄化方面高居榜首，1.67% 的世界人口占比却以 5.18% 的老龄化率 3.12 倍于世界平均水平，接下来是欧盟 2.28 倍，美国 1.78 倍，中国 1.23 倍，印度 0.7 倍，显示印度最年轻。老龄化水平过高显然会对整个社会的活力产生重要影响。如何构建适合本国国民年龄层分布的产业尤为重要。未来的世界，人工智能将会取得极大的进步，也许老龄化不全是社会的负担。

同时，我们也看到，信息时代的社会，知识经济在经济社会发展中越来越重要。因此国民的受教育程度决定着一个国家经济社会的发展水平。从国民接受高等教育方面对比，日、美、欧显然比中国和印度要高出一大截。但中国由于人口基数大以及 2000 年之后的大学扩招，中国国民接受高等教育的人口数量是一个巨大的量级水平。有数据表明，近年来中国高校在校生常年保持在 3000 万人以上。近年来每年大学毕业生均突破 800 万人大关。仅 2010—2019 年这 10 年间，中国的高校毕业生累计总量高达 7360 万人。即便按照目前一年 800 万的大学招生人数，到 2029 年，中国人接受高等教育的人口将达到 1.5 亿人以上。再加上 1978—2009 年期间，毕业的 4000 多万人，通过高考进入大学校门的毕业生累计在 2 亿人以上。

2018 年中国大约有 2.5 亿 14 岁及以下的儿童，这些儿童因义务教育法规定，要接受九年义务教育。其中近一半的人将会成为大学生，这个数量也是上亿级别的，他们都将成为未来中国重要的竞争力量。

人口的受教育程度是一个国家竞争能力的体现，也就是说竞争不仅需要人口数量级，还要看受教育的程度。

在我国 6 岁及以上人口中，大学本科教育程度的占 6%，这其中既包含了已获得本科学历的人，也包含了正在就读的本科生。此外，大学专科占 7%，研究生占 1%，共计 14% 的 6 岁及以上人口受过高等教育。

在高等教育研究中，常常用高等教育毛入学率来描述一个国家高等教育的普及程度。高等教育毛入学率指的是某年全国高等教育在学人数占 18 ～ 22 岁人口的比例。据相关数据，自改革开放以来，中国高等教育毛入学率从 1978 年的 1.55% 增长到了 2017 年的 45.7%。可以预计，对于 00 后的孩子来说，至少有一半以上的人都可以上大学。

经合组织（OECD）统计了世界主要国家 25 ～ 64 岁人口中受过高等教育的比例（包括专科和本科）。中国的数据是 2018 年的，其他国家是 2014 年的。2018 年，中国 25 ～ 64 岁人口中受过高等教育的比例是 17%，与世界发达国家还有不小的差距。发达国家中最高的是加拿大和俄罗斯，达到 54%。美国和英国分别为 44% 和 42%。日本和韩国分别为 48% 和 45%。

再讲"财"这个要素。

"财"这里可以理解为钱、财富、资本。资本可以是实物资本，比如土地、矿山、森林；也可以是货币资本，比如账户里的钱、黄金、有价证券等；也可以是人力资本，比如知识产权、工艺方法、艺术创作等。

一切有价值的东西，都有可能被资本化。

我们知道，维系整个人类社会的本质是利益，利益是联结人与人之间的纽带。而利益是通过资本化运作创造出来的，最终表现为钱，表现为货币，表现为财富。改革开放 40 多年来，中国人民经过勤劳的双手、艰苦的奋斗、传承的节俭、不断的投资，积累了各种形式的巨额资本与财富。包括国家资本的增值、民间资本的增长、外商资本的涌入等，一起构成了整个中国经济社会建设的巨量的"财"。

到底应该怎样衡量一个社会一段时间以来创造的财富呢？

我们通常看到的 GDP 是某个经济体在一年内创造的财富增加值。这里面包含着三大产业创造的增加值。三大产业创造的增加值作为财富的保存，存在着不同的时间周期，也就是说，有的财富创造出来后很快被消化于无形（当然，也可能创造出无形资产，但难以衡量），比如粮食等农作物；有的财富创造出来后，可以持续很长时间，还可能增值，比如金属矿产、房地产、发明创造等。

就三大产业而言，第一产业和第二产业统称为物质生产部门，第三产业则是非物质生产部门。第一产业是人类社会生存与发展的基础性行业，主要包括种植业、林业、畜牧业、水产养殖业等直接以自然物为生产对象的产业。除了林业的产品使用价值能够持续较长时间外，种植业、畜牧业和水产养殖业的产品使用价值基本上是一次性消费，消费完毕其使用价值就消失了，其价值也跟着消失了，因而其作为财富的表现形式也是短暂的。

第二产业主要是加工制造业，是利用自然界和第一产业提供的基本原材料，经过人类的劳动创造出来的产品。包括制造业、采掘业、建筑业和水电油气等公共工程。我们可以看到，这些物质生产部门生产出来的产品具有较长保存周期的特性，比如制造业的各种制造设备、采掘业的各种金属、建筑业之基础设施和房地产，都是显性的财富载体。其中，房地产之住宅、商业、写字楼、厂房等，是最显性的财富代表；机器设备、研发设备、基础设施中的铁路、高速公路、国省干道、机场等，也是财富的显性代表。

"铁公机"这些财富可能在一般人眼里不代表什么，感觉不到这种财富的存在。但对一个区域、一个国家而言，却是实实在在的财富。离开了这些，就不可能在投资建设的过程中创造出就业岗位和收入，也不可能给其他行业的财富创造提供优质的平台和发展基础。

因此，这种看起来不起眼的财富，实质上是整个社会财富创造的底层财富，是整个社会财富创造的基础。"要致富，先修路"说的就是这个道理，但很多人并不能理解类似"铁公机"这种投资的意义所在，动不动就拿基础设施投资"过量"说事。从根本上讲，中国的基础设施还是不够完善的，只是在补课而已，相比发达国家，很多方面还是处于人均数落后的状态。也许我们在某些方面大大领先，比如高铁，但不能说我们已全方位领先了。在教育基础设施、医疗基础设施、养老基础设施、文化基础设施等方面还是欠发达的。广大处于欠发达地区的农村和小城镇的基础设施如卫生、教育、养老、公园、道路、饮水等，仍需要基于改革开放成果惠及全民的思路予以大力投资建设，只有这样才能实现共同富裕的目标，才能真正实现中华民族的伟大复兴。

第三产业是为了促进第一产业和第二产业进一步发展而存在的产业。包括实现第一产业和第二产业产品价值的交通、物流、商业、金融等服务业，也包括公共部门如教育、医疗、文化、科研、通信等，当然还包括为维护整个社会秩序提供服务的政府及其相关机构。这里有两个问题需要讨论一下。

其一，第三产业到底有没有创造价值？

首先要肯定的是，第三产业肯定是创造价值的。因为第三产业就业人员在提供各种服务的工程中付出了劳动，而劳动本身就是在创造价值。其次，价值是一种凝结在商品中的无差别的人类劳动。这里所说的商品既包括有形的物质，也包括无形的服务。当然，一个区域或国家的经济价值，既包括第一产业和第二产业创造的物质价值，也包括第三产业创造的服务价值。没有第三产业的服务，第一产业和第二产业的价值实现将面临物质价值能否实现的困境。而第三产业的服务价值，如果不基于第一产业和第二产业创造的物质价值基础，也会呈现出"无源之水、无本之木"的虚空境地。所以，脱离了第一产业和第二产业物质生产部门的第三产业之价值，可能呈现出泡沫化的价值趋势。比如，虚高的股市估价、虚高的房地产价值、虚高的知识产权价值等，最终因为物质生产部门的支撑不足而破裂。

其二，社会发展的最基础条件是什么？

有人说是市场，有人说是制度，有人说是外贸，有人说是实业。这些说法都是仅从某一个角度出发而言的，对也不全对。就一个社会的发展来说，最基础的条件是稳定。动荡不安怎么能够发展？危机四伏怎么可能有投资？

社会稳定是经济发展的前提条件,经济发展是社会稳定的根本保证。自古以来，维护社会的正常稳定和良好秩序，是所有国家公共治理活动的重要价值和追求目标。社会稳定跟空气一样，正常的时候我们每个人都觉得理所当然，还会经常觉得有很多不足；而当社会失去或者变得不那么安稳的时候，它的重要性就体现出来了。就像雾霾出现了，人们是多么迫切想拥有新鲜的空气一样。

没有一种东西是理所当然，那只是有很多人在你看不见的地方做着维护社会经济发展稳定的事情，而我们很多人都一无所知罢了。所以，珍惜稳定的社会环境，努力绽放各自的人生才是要紧的事情。

稳定是人创造的，是第三产业的重要成果，是社会发展的前提条件。

至于"人、财、物"的"物"这里就不详细讨论了。"物"在很多时候都能够资本化为"财"，因而"财"与"物"有时候很难进行硬性的区分。只要条件合适，"物"就能够资本化为"财"进入经济社会建设的各个环节，参加社会财富的创造。

中国大市场发展的三大攻坚战

关于中国大市场的论述，在前面的"渐进改革"里许多地方尤其是

"外向型经济发展"和"内需型经济动力"的部分都有了很多的论述。下面着重对"三大攻坚战"的有关内容进行分析。

为何要对"污染防治、精准脱贫和防范化解重大风险"进行分析呢？因为这关系到中国大市场发展的健康可持续问题、关系到中国大市场发展的均衡保稳定问题、关系到中国大市场发展的风险可控性问题。防范化解重大风险、精准脱贫、污染防治，是中国经济由高速增长阶段转向高质量发展阶段推进，必须迈过的三道关口。

①防范化解重大风险：经济全球化与发达国家或明或暗的逆全球化、国际金融垄断资本与国外敌对势力的虎视眈眈、国内经济发展的不充分不平衡以及经济发展过程中积累起来的各种民生和社会问题，都对不断前进的改革开放事业形成了越来越重大的风险压力。如何防范和化解重大的风险，是经济社会发展面临的首要问题。

发展很重要，但风险防范一样也很重要。经济全球化使得国家间尽管遥远，但已经是牵一发而动全身，美国得"流感"全世界都要打喷嚏。而美国国家政治和经济逐渐被金融垄断资本所控制，垄断的金融资本利益集团时不时通过作为全球硬通货的"美元"的做多与做空，对全世界其他经济体进行明夺暗取。资本主义从未改变其根本的社会发展周期，差不多 10 年就要爆发一次经济危机，每一次危机都给世界各国人民包括它们自己的国民带来重大的损失，而资本利益集团却一样能赚得盆满钵满。

面对来自外部的风险，中国在高举改革开放旗帜的同时，要筑牢防范风险的高墙，才能够使得改革开放以来积累的国民财富不至于被无端掠走，发展成果毁于一旦。1998 年的亚洲金融危机、2008 年的全球金融危机以及 2020 年在全球新冠肺炎疫情下的经济危机，都对中国经济社会的发展构成了重大威胁。

1998 年中国政府以正确的态度，以负责任的大国担当，使得人民币保持相应的稳定与坚挺，为自己的经济可持续发展赢得更好的局面；2008 年中国面对危机的经济救援 4 万亿计划，造就了今天的发展局面；2020 年春节暴发的新冠肺炎疫情，有谁能够想到中国仅用短短的两个月就从被西方自由民主政府和民众看笑话的状态，迅速转变成他们仰视的对象。

2020 年的新冠肺炎疫情，毫无疑问是一场世界性的危机，首先是一场公共卫生危机，接下来开始上演的是全球性的经济危机和世纪大萧条。这是一场"第三次世界大战"，没有一个国家和个人可以幸免，这是一场人类与病毒的较量。面对这场关乎人类命运的"第三次世界大战"，中国社会体现出来的大局观和必胜信心，这不仅是制度的优越，更体现了文化的优越和民众的素养，还展现出绝对的大国担当。

防范风险很重要的一块体现在金融领域。因为当前中国大量的金融资产以流动性很强的存款与现金的形式存在，资金的跨境流动都需加强管理，以防止境外金融寡头对国内金融财富的觊觎。金融业的重大风险集中在政府债务和民众债务。为防范化解地方债务风险，中央政府提出"严禁各类违法违规举债、担保等行为"的同时，也为地方政府提供了合理的融资渠道。就民间而言，互联网金融机构打着互联网旗号行非法集资之实，公众投资的资金量多，极易引发重大金融风险，必须予以严厉的打击。

社会发展过程中积累起来的不公平不公正也是导致社会重大风险的隐患，必须予以坚决的防范。

经济社会发展到一定阶段后，会出现产业转型升级与原有发展模式的矛盾，会出现劳动者对就业机会变化的适应性问题，会出现收入不平衡问题，会出现金融投向问题，这些在一定程度上都成为社会隐患。如果不及时和正确处理这些积累起来的问题，那么将会对经济社会的发展形成重大的障碍。所以，作为全国一盘棋，中央政府和各级地方政府，要做到有效应对重大挑战、抵御重大风险、克服重大阻力、解决重大矛盾，为决胜全面建成小康社会保驾护航。

②精准扶贫：中国的扶贫对世界贡献之大毋庸置疑（过去 40 多年里对世界扶贫事业的贡献率超过 70%）。但再怎么对世界有贡献，都不如做到真正使得奔小康的路上"一个都不能少"。怎么做到"一个都不能少"呢？那就是精准扶贫。

中国的扶贫曾经也出现过形式主义的"给钱"，造成钱花完了，结果继续贫困的恶性循环。所以，后来开始了"授人以鱼，不如授人以渔"的精准扶贫——产业扶贫。说白了，要让贫困地区能够经过产业发展而形成自我发展的良性循环。那就必须动员发达地区予以项目援助式的产业链构建，做到"扶上马送一程"。

很多贫困地区早先困于自然条件、交通条件等，有特色的产品和旅游胜地，无法跟外部的世界发生联结。现在好了，有了电商，而农村电商的发展有赖于 4G 乃至 5G 网络的发展，有赖于现代物流的末端深入广大的边远山村，有赖于越来越多的高速公路和高铁动车网络的发展，有赖于旅游和特殊农产品产业链的构建。这些网络和产业链的构建，使得原来藏于深山老林的盛景和特色产品，走到了外部消费者的眼前，使得精准扶贫落到了实处。

脱贫攻坚之所以重要，不仅仅是要完成决胜全面建成小康社会的硬任务，更是建立和谐社会的软实力。通过改革开放40多年的发展，中国完成了人类历史上脱贫的最大成就，7亿多人脱离了贫困生活，很多人走上了小康之路。现行标准下农村贫困人口从2012年的9899万人减少到2018年的1660万人，累计减少8239万人，连续六年每年减贫规模都在1000万人以上，贫困发生率由10.2%降至1.7%。2020年更是"一个都不能少"地完全实现100%脱贫之历史任务。

贫困在人类发展的历史上，如影随形一直存在着。贫困是社会发展的产物，似乎是合情合理的。我们承认个体差别，但不能因为个体的差别而任由贫困的发生。历史上几乎所有的改朝换代都是因贫困至极导致农民起义，整个社会陷入无休止的征伐杀戮。每一次的改朝换代，都是对社会生产力的严重破坏，导致社会经济发展的重大倒退。中国历史上人口的起起伏伏，很大原因是统治阶级不顾民众死活，造成极端贫困引起起义战争的杀戮和饥荒至死。

贫困主要指的是物质的匮乏，生活无着落，温饱不能得到根本的解决。原因有很多，但多数的时候归结于分配机制的不公平、生产力的极端落后等。贫困不仅仅是经济学的概念，更关乎基本的公民权利和能力，其实质是一种权利和能力的贫困。正如诺贝尔经济学奖获得者阿马蒂亚·森所说"贫困不是单纯由于低收入造成的，很大程度上是因为基本能力缺失造成的"，比如与高额医疗、养老、教育、住房等民生支出，对应的公民获得健康权、养老权、教育权、居住权的能力缺失。

贫困会导致或者衍生一系列社会问题，比如偷盗、抢劫、杀人，比如到处流浪、乞讨为生，比如被动或主动进入黑社会组织求得生存……这些都会对整个社会的稳定与和谐构成直接的威胁和破坏。

③污染防治：新鲜的空气、干净的水源、良性的土壤，这是我们人类赖以生存的根本，也是大自然与人类息息相关的三大元素。经济社会的发展，为了追求更高的利益，人们似乎忘记了空气新鲜意味着什么，水源干净意味着什么，土壤良性循环意味着什么。直到有一天，我们发现空气中充满着异味、饮用水中充满着杂质、土壤里各种污染物影响了庄稼的生长，我们才知道那个似有似无的新鲜空气是多么重要，那个似乎时时都在流动的水已变得不适合直接饮用，那个长年累月生长庄稼的土地再也无法生长出符合健康要求的粮食作物，我们才知道"污染防治"是多么重要又多么迫在眉睫。

因此，打好污染防治攻坚战，就必须有勇气和过去粗放型的发展模式说再见，与过去高消耗的生活方式说再见。加快形成绿色发展方式和生活方式；加快建立绿色生产和消费的法律制度和政策导向，建立健全绿色低碳循环发展的经济体系；加快构建市场导向的绿色技术创新体系，发展绿色金融，壮大节能环保产业、清洁生产产业、清洁能源产业；推进能源生产和消费革命，构建清洁低碳、安全高效的能源体系。

通过三大攻坚战的实施，才能使得中国经济社会的发展获得更加稳定的基础、更加和谐的社会根基与更加持续的发展平台。

世界主要经济体国情对比一览表

当今世界主要的经济体，因为不同的历史发展也各不相同。下面就其基本的国情做一对比，或许能窥探些许这些经济体在未来的全球性竞争中的发展态势（主要数据自 2018 年）[1]。

主要数据	中国	美国	欧盟	日本	德国	印度	全世界
人口/亿	13.93	3.27	5.13	1.27	0.83	13.53	75.94
14岁及以下/亿	2.49	0.61	0.79	0.16	0.11	3.66	19.58
15～64岁/亿	9.92	2.14	3.31	0.76	0.54	9.03	49.6
65岁及以上/亿	1.52	0.52	1.02	0.35	0.18	0.84	6.74

---

1 根据互联网资料整理而成。

主要数据	中国	美国	欧盟	日本	德国	印度	全世界
国土面积/ 万平方公里	960	938	438	37.8	35.76	329	13200
人口密度/亿	146	33	117	336	232	411	58
农业用地/ 万平方公里	528	406	182	4.47	16.66	180	4863
农业用地 占比	0.55	0.41	0.42	0.12	0.47	0.55	0.37
互联网 普及率	50.10%	86.90%	85.70%	90.60%	86.20%	28.30%	2017年数据
互联网 用户/亿	6.88	2.77	4.34	1.15	0.69	3.75	2017年数据
移动 用户/亿	15.8	—	—	—	—	—	2019年数据
移动支付 普及率	77%	48%	—	27%	48%	67%	2017年数据
4G电信 基站/万个	437	40	—	—	—	45	2018年数据
5G基站 预计/万个	600	60	—	8.4	4	—	未来3～5年

续表

主要数据	中国	美国	欧盟	日本	德国	印度	全世界
铁路里程/ 万公里	13.1	22.5	—	2.7	4.3	6.7	2018年数据
高铁/ 万公里	3.8	0	—	0.35	0.34	0	中国占60%
公里里程/ 万公里	485	685	610	125	64.5	590	时间不一 2011—2019 年
高速公路/ 万公里	14.3	10.8	7.3	0.9	1.3	0.16	
集装箱/ 亿标箱	2.14	0.51	—	0.22	0.19	17%	2017年数据
2018年GDP/ 万亿美元	13.61	20.54	18.77	4.97	3.95	2.72	全世界 85.91
人均GDP/ 万美元	0.977	6.281	3.659	3.913	4.759	0.201	人均1.131
购买力 平价GDP/亿	25.4	20.54	22.45	5.42	4.4	10.5	全世界 136.0
人均PPP/ 万美元	1.82	6.28	4.38	4.27	5.30	0.78	人均1.79
工业增加值/ 万亿美元	5.53	3.55	4.13	1.42	1.08	0.73	全世界 23.52
制造业增加 值/万亿美元	4	2.17	2.68	1.01	0.81	0.4	全世界 14.17

续表

主要数据	中国	美国	欧盟	日本	德国	印度	全世界
农林牧渔增加值/万亿美元	0.98	0.18	0.28	0.06	0.03	0.4	全世界3.36
服务业增加值/万亿美元	6.32	15.01	11.37	3.35	2.27	1.27	2017年数据
政府收入/GDP	21.08%	17.19%	—	12.83%	28.55%	12.86%	2017年数据
政府支出/GDP	24.73%	22.32%	—	16.44%	28.17%	14.86%	2017年数据
国际贸易/万亿美元	4.623	4.278	—	1.487	2.847	0.837	2018年数据
出口/万亿美元	2.487	1.664	—	0.738	1.561	0.326	2018年数据
进口/万亿美元	2.136	2.614	—	0.749	1.286	0.511	2018年数据
广义货币占比GDP	199%	89.32%	—	252%	—	73.67%	2018年数据
总储蓄占比GDP	46.25%	18.58%	—	28%	29.34%	30.94%	2018年数据
总储蓄/万亿美元	6.29	3.82	—	1.39	1.16	0.84	2018年数据

从上面的数据可以看出，中国人口仍是最多的。即使印度可能在未

来 10 年内超越中国，但中国人口的受教育程度远非印度可比。即使以 17% 的接受过高等教育的人口来看，也在 2 亿人以上，这些都是知识经济发展的最坚实基础。

除了教育方面的坚实基础，中国在经济发展的硬核基础，诸如高铁、高速公路、港口、机场等联通国内外的基础设施上，已经取得了后发优势，其他国家和国家集团难以比肩。还有网络时代的网络基础设施，诸如 4G 基站、5G 网络等，已经在数量上和质量上领先全世界，这些同高铁等基础设施一起，都是中华民族伟大复兴的最好最坚实的基础和平台。

中国作为人口两倍于欧洲的一个超大型的国家（人口、地域、经济总量），其治理的难度自然也是非常巨大。通过新中国成立之后 70 多年的全民努力，尤其是改革开放之后的锐意进取，中国人用 40 多年的时间，走完了人类历史上持续了两三百年的三次工业革命历程。现在正在经历以人工智能为标志的第四次工业革命，中国经济社会发展的无比巨大的潜力正在爆发之中。

中国以一个完整的民族形态、一个持续的文化传承、一个统一的文字表达、一个包容的历史心态走过了数千年，也必将在未来成为世界经济文化发展的一面鲜明旗帜。

中国已被唤醒，并且正在正确的路上行进。

"独行快，众行远"，中国正在践行"人类命运共同体"！

供给侧改革：外需拉动转向内需激发

毫不夸张地说，世界上真正在实施大规模改革开放的国家，只有中国！也可以肯定地说，世界不同历史阶段发展并壮大强盛起来的国家，没有一个不是通过改革和开放形成的。

改革，促进了发展；发展，倒逼着改革。

开放，促进了发展；发展，扩大了开放。

从历史大势看，人类发展的历史就是改革与开放的历史。但改革会改掉很多利益集团的既得利益，因此过程中会出现很多波折：有的改革艰难推进甚至夭折，有的暴力革命推翻旧政权的同时，造成了社会生产力的严重破坏与倒退，也对人的生命形成了巨大的威胁。

中国改革开放 40 多年来所取得的巨大成就，与以往那些大国的崛起完全不同。英国是通过打败荷兰、西班牙、法国等欧洲殖民帝国而崛起的；日本之崛起是经过对中国的甲午战争达成的；美国的崛起是通过一战和二战的择机参战而达成的；苏联的崛起是通过战后对其他国家的控制和战争达成的……

只有中国的崛起，是在和平状态下经过艰苦奋斗达成的。中国人以中华民族勤奋自强、吃苦耐劳、和平共处、包容共赢的世界观和价值观，让国家从分崩离析的状态走向独立并站起来，通过改革开放的前瞻性战略眼光引领，实现了从站起来到富起来的历史跨越，并终将在改革开放的战略下强起来，实现中华民族的伟大复兴。

2019 年，中国 GDP 将近 100 万亿人民币，按世界银行的标准看，中国已经迈入了中等收入水平国家之行列。中国 14 亿人跨入人均 GDP 1 万美元的行列，意味着全世界"万元户"增加了一倍多。此前，全球人均 GDP 超过 1 万美元的经济体总人口近 15 亿。拥有 14 亿人口的中国，人均 GDP 突破 1 万美元，这意味着人均 GDP 超过 1 万美元的经济体总人口翻了一番。

"雄关漫道真如铁，而今迈步从头越"！

改革开放完成了上半场，实现了中国社会主要矛盾的转化。由"人民日益增长的物质文化需要同落后的社会生产之间的矛盾"转化为"人民对美好生活的需要同发展的不平衡不充分之间的矛盾"，由此中国的改革开放进入了下半场：全面实现共同富裕和中华民族的伟大复兴。

在经济建设方面，改革开放后，针对中国社会生产力落后的主要矛盾，政府工作重心转为以经济建设为中心，使中国经济取得了连续 40 多年的高速增长，成为世界第二大经济体，创造了世界经济社会发展史上的"中国奇迹"。国内外经济形势发生重大变化，中国经济进入新常态，由高速增长阶段转为中高速增长阶段，但 2013—2016 年平均增速仍达 7.1%，对世界经济的贡献率超过 30%。可以说，中国的生产力已不再落后。

但随着人口红利衰减、"中等收入陷阱"风险累积、国际经济格局深刻调整等一系列内因与外因的作用，经济发展正进入"新常态"。

中国共产党十九大报告提出："中国经济已由高速增长阶段转向高质量发展阶段，正处在转变发展方式、优化经济结构、转换增长动力的攻关期，建设现代化经济体系是跨越关口的迫切要求和中国发展的战略目标。"

改革开放之初,"吃饱穿暖"是主要问题;随着经济的发展,"吃好穿好"变成了更高层次的需求。于是,为适应这种变化,在正视传统的需求管理还有一定优化提升空间的同时,迫切需要改善供给侧环境、优化供给侧机制,通过改革制度供给,大力激发微观经济主体活力,增强中国经济长期稳定发展的新动力。

供给侧改革,顾名思义就是从供给的方面进行改革:从粗放的经营转向集约的经营,从重数量发展到重质量发展,从一部分地区先发展起来到共同发展,从一部分人先富起来到实现全民的共同富裕。所以,供给侧改革的核心是改革各种结构问题。主要包括产业结构、区域结构、要素投入结构、排放结构、经济增长动力结构和收入分配结构六个方面的问题。这六个方面的结构性问题既相对独立又相互叠加,需要通过结构性改革有针对性地解决。

总体上看,供给侧改革旨在调整经济结构,使得生产要素实现最优配置,提升经济发展的数量和质量。用增量改革促进存量调整,通过优化投资结构、优化产业结构、优化产权结构、优化投融资结构、优化分配结构和优化消费结构等,实现经济可持续高速发展,实现产业质量、产品质量的提升,实现宏观调控和民间活力的相互促进,实现资源整合和国进民进,实现消费品不断升级,不断提高人民生活品质,实现创新—协调—绿色—开放—共享的发展。

改革还需遵循循序渐进的原则:在宏观层面要稳,微观层面要活,产业层面要准,政策层面要实,社会层面要托底。

2020 年暴发的全球性新冠肺炎危机，加剧了近年来以"美国优先"的逆全球化趋势。全球产业链供应链的稳定畅通受到前所未有的挑战，如何克服危机并转危为机呢？

2020 年，中共中央政治局常委会会议提出，深化供给侧结构性改革，充分发挥中国超大规模市场优势和内需潜力，构建国内国际双循环相互促进的新发展格局。2020 年 5 月底的两会期间，习近平在看望政协委员时再次指出，逐步形成以国内大循环为主体、国内国际双循环相互促进的新发展格局，以更好地保障中国经济安全，拓展经济发展空间。只有做到维护国内的产业链安全与供应链安全，才能在最大限度上实现经济发展的国内大循环。国内国际双循环相互促进，需要通过积极推动新型全球化，推进"一带一路"建设，国内国际双循环相互促进的全球大循环。

第四章　家国力量：不一样的信仰

力量源泉：实事求是的哲学思想 vs 利益至上的西方哲学思想

前面写到，实事求是就是中国社会最重要的哲学思想。从以下列举中国历史上的先贤对人与人、人与社会的关系论述中，可以看到实事求是的精神精髓。

比如《尚书》有"天子作民父母，以为天下王"的理论。

比如《诗经》道出"普天之下，莫非王土；率土之滨，莫非王臣"的结论。

老子曰"圣人抱一为天下式"，道出的是万物齐同、天人合一的原则。

孔子曰"天下有道，则礼乐征伐自天子出；天下无道，则礼乐征伐自诸侯出"，认为尧、舜、汤、武时代的天下一统才是"有道"。

这些哲学思想，都指向"实事求是"，"有道"就是"是"，就是真理和原则。

到了近现代，中国从满满的自我陶醉的天朝大国转眼间成了备受欺凌的东方睡狮，都是因为太过自信、太过自满、太过不"实事求是"去因应外界的变化而变化，导致了落伍，导致了衰败而横遭欺凌和侵略。因此，经历了洋务运动的失败，经历了戊戌变法的失败，也经历了辛亥革命和大革命的失败。中国共产党人重新思考中国社会的出路，把马克思主义理论和中国当时的国情相结合，提出了"农村包围城市"的武装斗争之战略方针，提出并践行了基于"实事求是"精神的抗日民族统一战线，提出了"团结一切可以团结的人"去解放全中国。

正是因为践行了"实事求是"的精神，中国共产党领导的中国革命最终取得了伟大的胜利，建立了中华人民共和国。新中国成立之后的30年里，囿于国内外环境的复杂性，"实事求是"的精神在许多时候被抛弃。在1978年十一届三中全会后，中国社会重拾"实事求是"的精神，把"实践是检验真理的唯一标准"贯彻到底，终于在今天取得了巨大的建设成就，中华民族比历史上任何时期都更加接近伟大的民族复兴。

今天的世界话语权在西方，因此西方各种是是非非的思想风靡全球也是理所当然的。这些情况在20世纪90年代尤其明显。那个时候以美国为代表的冷战一方击垮了以苏联为首的另一方，似乎预示着"历史的终结"；似乎预示着资本主义制度就是人类社会发展的终结；似乎预示着资本主义思想家所鼓吹的他们认为的"民主、自由、人权"是整个人类社会的唯一标准。

而事实上，仅仅过了 20 多年，不间断的经济危机如西方金融垄断资本恶意操纵下的 1998 年亚洲金融危机、21 世纪初的互联网泡沫破裂以及美国大公司造假之下的经济危机、2008 年席卷全球的金融危机，哪里还能看到资本主义制度的"优越性"而能够成为"历史的终结"呢？

就 2020 年春节席卷全球的新冠肺炎公共卫生危机而言，仅仅过了两个月时间，西方社会一直高高在上的"民主、自由、人权"，一直高高在上的"小政府大社会"之制度优越，就都成为"昨日黄花"而"一江春水向东流"去了。

"利益至上"的西方社会思想，本质上就是"物竞天择，适者生存"的社会达尔文主义。在这一次全球性的公共卫生危机中，其短板已暴露无遗，其缺点已无法掩饰它们一贯高高在上的"民主、自由、人权"之虚伪。比起中国社会"实事求是"的思想，政府对疫情的管控和大众对疫情传播的责任感凝聚起来的强大社会共识，是西方社会"利益至上"思想永远无法理解和达到的。

再说西方社会"利益至上"的思想，乃是基于少数人的"利益至上"而非他们宣扬的"人人生而平等"之谎言。现在我们在讨论社会思想的时候，通常都会提到西方社会的思想是怎样的，因为西方世界在最近的两三百年里领先了全世界其他的地方，而且率先做到了经济社会的发达，因而其思想也就领先于其他社会。而其他的社会形态或多或少都受到西方世界的殖民统治、剥削与掠夺，导致了落后而"人微言轻"地没有话语权。

从西方社会发达的结果看，引领西方社会发展并发达的思想无疑是具有先进性，至少在过去的数百年间确实如此。但一种思想能够一直引领吗？这是不可能的，与时俱进的思想才是正确的思想。西方的先哲早就说过"人不可能踏进同一条河流"，何况人类社会是不断发展的，其孕育出的思想也一定是推陈出新。

东西方社会思想的不同是根植于各自历史文化的发展脉络之中。东方社会也曾在人类历史上做出杰出的贡献，并非一直处于下风。而西方社会思想在最近几十年来的民粹化变化，也给西方社会思想的发展蒙上了阴影。因此，"实事求是"地、与时俱进地因应外界环境的变化，才能使社会发展的思想有活水源头。

在我看来，西方近 300 年来的逐渐领先原因在于两个方面：

1. 西方人性解放走在了东方之前。

所谓的人性解放，就是个体在身体和精神上获得自由，这是自由主义思想的起源。

西方经历了西罗马帝国灭亡后 1000 多年的中世纪神权统治时期，而且还经历了阿拉伯帝国、蒙古帝国、奥斯曼帝国的入侵，这些都是欧洲（西方的源头）一直无法形成统一国家的外部力量。神权统治的结果是极度的人性压制，外部入侵的结果是西方的反抗与学习进步。于是黑暗中世纪过后迎来了文艺复兴，尤其是人性解放和科学发展。而这个时候的东方（主要指中国）正好经历了大分裂之后的长期统一（魏晋南北朝 300 多年的分裂止于公元 581 年隋朝建立，之后经历唐、宋、元、明到 1644 年清朝建立统治），这 1000 年里（基本上与欧洲中世纪相当），中国社会的封建主义思想从唐朝的最开放，经历了唐末之乱开始走向道统，再到宋朝理学，一直到明朝八股，中间的元朝只是一个照搬宋代理学部分的搬运工。于是中国社会的思想，从汉朝的儒学开始，经历了魏晋的玄学（以道学为主）、唐代的儒家为主儒释道全开放到宋代一统理学，逐渐走向了封闭，进一步压抑了人性。

人性是什么？人性中最为核心的是自由，这个来自人类进化自灵长类的基因。人的天性之自由就是个体有主宰自己的权利！不管是身体还是精神。

从这个角度看，西方世界的人性解放因反抗中世纪的宗教神权和东方入侵而获得解放。东方社会却因长时间的大一统而走向相反。这是由当时东西方社会的发展模式不一样所致。东方的中国一直就在亚欧大陆的东端，文明在黄河流域和长江流域之间以及周边发展并扩大，逐渐形成了绵延数千年以儒家思想为核心，包容本土的道家以及外来的佛教、基督教和伊斯兰教等思想，最终形成了统治思想，逐渐禁锢了人的思想和创造性，因为不那么"实事求是"了，最终导致东方在近现代全面落后于西方。

而在亚欧大陆的西端，从位于两河流域的苏美尔文明（古巴比伦文明）到希腊文明、沿着地中海沿岸向西发展，先是罗马文明，再后面是意大利文艺复兴、葡萄牙西班牙的文明发展，之后往北向荷兰、英国发展。整体看，西方文明的发展都出现在不同的区域、不同的民族之间，虽有一定继承，但基本上文化的传承性较差。而且每种文明所容纳的人口数量有限，被下一个文明替代之后，可能前一个文明的人口悉数没有了。

因为欧洲从来就没有形成过一个统一的国家（即使是罗马帝国也是有国无民），对文明的成果传承也就呈现出断点式的特征。要说有连贯性的话，那就是基督教发源于西亚之后，最终传播到整个欧洲。也正因为欧洲没有形成过统一的国家，世俗社会的力量无法对神权进行适当的限制，导致了基督教神权在中世纪最终控制了分崩离析的欧洲各国政权，各国的皇帝和国王都要经过罗马教皇的册封才能取得世俗权力的合法性。

2. 西方世界在人性解放之后，开始了探索外部世界的努力，开始了第一次的全球化，显然是以牺牲外部世界为代价的全球化。这个努力与人性解放之后个体努力与神权迫害有关。宗教迫害使得新教徒从海上向西离开欧洲进行大航海活动（因为向东的陆路被奥斯曼帝国所控制），终于发现了新大陆（美洲和澳洲），开始了为了生存和原料与市场的殖民侵略。这个可否理解为大破大立呢？西方世界退无可退，从海上开始了征服世界的征程。而东方世界由于经历了千年的大一统（中间有几十年的五代十国），思想的禁锢导致了人性解放滞后，从而创造力滞后！

中国的人性解放始于 20 世纪初的新文化运动。之后这种带着民族危亡的思想解放一直伴随着中国社会的选择。最终选择了共产主义，选择了中国共产党，选择了社会主义。

所以，今天之中国体制形成，是历史之必然。渐进式的变革与人性解放，才是无敌于天下的稳定发展之更好制度。没有最好，只有更好。

西方学者对西方为何崛起的思考很多，但我认为他们基本上是以西方中心论为出发点考虑的，对东方文化之思考偏肤浅。比如著名历史学家美国的伊恩·莫里斯《西方将主宰多久》[1]、斯塔夫里阿诺斯《全球通史》[2]、英国的艾瑞克·霍布斯鲍姆《年代四部曲 1789—1991》[3] 等，应该说对西方社会发展的描述很有见地，但对东方世界尤其是文化和民族精神方面的分析就表现得较为肤浅。不过都值得看看，以了解别人是怎么看我们的。

傲慢与偏见是基于骨子里的优越感和无知，现在的西方和 1800 年之前的中国清朝是一样的，都认为自己比对方高出一筹，其实危机就潜伏在其中而不自知。

感觉太好的时候，也就是危险即将来临的时候。

不信，等着瞧好了。

今天的中国社会思想，最核心的就是实事求是！为什么？

因为我们是一个 14 亿人口，由 56 个民族组成的国家，在地域上东西南北差异大；在城乡上，大城市与中小城市差异巨大；在经济发展上，虽然我们取得了全世界第二大经济体的总量，但我们的人均水平还处于全世界的中间水平；在社会生活的方方面面，我们的教育、医疗和社会福利，跟发达国家还有很大的差距……我们要看到自己的不足，也要看

1　伊恩·莫里斯. 西方将主宰多久. 中信出版社，2014.

2　斯塔夫里阿诺斯. 全球通史：从史前到 21 世纪. 北京大学出版社，2006.

3　艾瑞克·霍布斯鲍姆. 1789—1848 革命的年代. 中信出版社，2017.

到自己的长处。补短板，长优势，这就是"实事求是"精神的体现。

改革开放初期，邓小平同志多次强调，要根据农村的客观实际，实事求是、因地制宜。他说："不论搞农业，搞工业，搞科学研究，搞现代化，都要实事求是，老老实实……所有在一个县工作、在一个公社工作的同志，都要根据一个县、一个公社的条件，在大队工作的同志也要根据一个大队的条件，搞好工作。"而且他认为，如果不实事求是，中国的现代化建设就没有希望。"中国人口的80％在农村，如果不解决这80％的人的生活问题，社会就不会是安定的。工业的发展，商业的和其他的经济活动，不能建立在80％的人口贫困的基础之上。"

直至今天，中国社会部分群体仍然对西方社会的发展存在大量的盲从性理解，认为西方社会思想和社会制度才是经济社会发展的最好的模式，对我们自己的事业发展产生了各种各样的不信任和怀疑，甚至是各种的攻击和使坏！

有一种观点认为，西方社会现在的富有是因为它们实行了民主制度。我们稍微了解一下西方社会的发展过程，就会知道它们今天所谓的民主制度，不是发展的原因而是发展的结果。没有一个国家在发展之前就实行了今天所谓的那种民主制度。看看今天南美的许多国家、今天的泰国、菲律宾、印尼以及印度，还有南非以及许许多多从欧洲宗主国独立出来的国家，它们实行所谓的西式民主的后果就是，四年或五年选一次爽一次，之后就是后悔四年或五年。那些为了自己政党利益的候选人，获胜之后拿着自己合法的地位来推行他和他背后的利益集团认为对的政策，而极少呼应当初选民的呼声。

每个国家的国情不同，每个国家的发展阶段不同，其经济社会的发展模式不应该只是一种，多元化才是这个世界本该有的样子。因此，必须以适当的方式宣传中国社会制度的成因和优越性，确立制度自信、道路自信、理论自信和文化自信。以"实事求是"的精神去面对纷繁复杂的外部世界，也只有这样才能够在中华民族伟大复兴的事业进程中凝聚更多的社会思想共识，取得更好的发展成就。

中国人对西方社会的八大认知偏差

前面我们提到，西方社会是从近现代开始领先于全世界其他地方的，肯定也有值得学习的地方。但事实证明，全世界不同的地区和不同的国家，因为国情的不同，社会发展的进程是不一样的，因而用一个统一的思想和模式，来发展不同地方的经济社会，那注定是不可能成功的，事实情况也确实如此。只不过是西方社会拥有了话语权，世界上许多地方的人们只能被这些话语权"欺瞒"，根本就不是西方媒体一贯鼓吹的什么"新闻自由"等。因为所谓西式民主和它们所谓的"民主自由人权"，也只不过是西方话语权体系下为了更好地实现对其他国家进行内政干涉，并进行"经济殖民"而鼓吹的老掉牙的价值观罢了。

下面来看看我们到底都误解了什么。了解这些误解，不是为了表达我们有多厉害，只是为了增强我们的自信，增强我们自己前进路上的更多信心：外国的月亮并不比中国的圆！

①有观点认为西方世界更文明。西方世界自 16 世纪以来对全世界其他地方执行了残酷的殖民侵略和掠夺杀戮，相信只要拥有正常人类良知的人都能得出这些行为是极其罪恶和肮脏的。但似乎也有一种观点认为，人类历史上死伤最多、破坏最大的第二次世界大战之后，西方社会原先的残酷形象改变了，成为普世价值的代表，成为现代文明的代表。

比如，英国号称绅士之国彬彬有礼；法国则以热情浪漫著称；德国以一丝不苟严谨著称；日本非常认真有"工匠精神"；最厉害的是美国，号称"民主灯塔""自由之都"等。总之，短短几十年之间这些过去"杀人如麻"的国家好像一下子都成为优秀、文明和先进的代表。人类数百万年发展并延续的人性难道发生了显著变化？

难道它们改过自新了？当然不是。

第二次世界大战之后，原先被殖民的绝大多数国家都取得了民族独立[1]。因此它们再也不能像原先那样，靠赤裸裸的武力杀戮和镇压来殖民他国、奴役他国。它们开始更加隐蔽地借助掌握的技术垄断、资本垄断和金融垄断以及话语权垄断，继续着各种各样的代理人战争、各种各

---

1 第二次世界大战耗费了主要殖民国家的大量国力，它们再也无法对殖民地进行直接的军事控制，于是不得不放弃直接的占领，改为由代理人进行经济和政治的控制，改头换脸地进行经济殖民。

样的经济战争、各种各样的金融战争，简单一句话，就是利用它们手中的优势技术、优势资本、优势金融和优势话语，实现对其他或依附于它们的国家或独立于它们的国家进行一次又一次的"薅羊毛"。

东方世界本质上"和而不同"的价值观与西方世界本质上"同而不和"的价值观，完全不是一个层次的价值观。"和而不同"强调的是文明的多样性、包容性；而"同而不和"的价值观只是追求表面的"同"，实质上它们在"同"的符号下，行着贪婪自私的资本本性。

所以，资本主义的本质并没有变化，变化的只是手段不同罢了。因此，所谓的普世价值，都是新的西方经济殖民者冠冕堂皇的遮羞布罢了，其本质还是资本化下的人性，更加贪婪和自私。

西方世界表现出的更"文明"，只是手段发生了变化而已，实质上并没有什么变化。

②西方世界很团结。这是真的吗？可能看起来是很团结的。比如冷战时期，不得不团结啊，冷战时期有一段时间，以苏联为首的阵营是处于领先地位的，所以那时候的西方世界看起来最团结。但苏联解体后，似乎西方世界的团结到了顶峰。之后，它们那基于最大化自身利益的资本本性开始展现，团结变得那么脆弱。要说它们有团结的一面，那就是合伙起来一起去欺负小国家。比如以伊拉克入侵科威特为借口主持"正义"，多国联军入侵伊拉克，以及后面为了独霸海湾地区和中东北非的基于石油的地缘政治和经济利益，蛊惑、制造或发动了突尼斯内乱、利比亚战争、埃及动荡、叙利亚战争等，它们所有看起来的团结都是基于资本的本性。

今天，西方世界的主角美国和欧盟中间的龃龉也越来越多。而事实上，欧洲战后赖以发展的"马歇尔计划"，实际上是美国分裂欧洲的开始。这个说法可能很多人并不认同。但你想一想，是不是这个道理："马歇尔计划"是冷战背景下的美国用以支持西欧国家发展经济，并不对二战时的盟国苏联提供支持。可以判断"马歇尔计划"本质上就是把欧洲划分为东西两个部分，从而开启欧洲现代大分裂。支持二战时的敌对国（德国、意大利等）战后发展经济而不支持二战中最大的盟友苏联一起发展经济，显然在道义上是说不通的，这直接导致了后续的北约与华约两大军事集团的对抗，险些把世界拖进核战争这种万劫不复的境地。

"马歇尔计划"的实施是美国分裂欧洲的第一步。

第二步就是冷战后期美国对东欧国家的分裂与拉拢，其目的有两个：一是削弱苏联／俄罗斯的势力范围，进一步遏制俄罗斯的发展；二是分裂东南欧并制造动乱，一方面是为了团结欧盟打击俄罗斯，另一方面在南斯拉夫制造内乱并制造了科索沃战争，打击了刚刚诞生的欧元。而它的那些欧洲盟友，却帮助美国分裂欧洲以至于打击了自己的欧元，从此欧盟开始走向分裂。

美国分裂欧洲的第三步就是通过北约，发动对伊拉克、利比亚、叙利亚等国家的战争，获取了中东北非区域的地缘经济和政治利益，把战争和社会动乱的副产品"难民"输出给欧洲，美国隔得太远了，难民想去也去不了，于是，最近一二十年困扰欧洲主要国家的大量来自西亚北非的难民，成为欧盟分裂的主要源头，也成为欧洲许多国家政治民粹化的根源。

美国分裂欧洲的第四步，就是明里暗里地鼓吹英国脱欧！这个过程虽然很长，但美国人并没有打算收手。当时的特朗普政府直接把法国、德国等称之为老欧洲，把东欧的一些国家比如波兰等称之为新欧洲，这就是在制造欧盟的分裂。

美国为何要分裂欧洲、分裂欧盟？

根本的原因就是美国在费了九牛二虎之力搞得苏联解体之后，绝对不会坐视欧盟强大：发动科索沃战争打压刚刚出笼的欧元以减轻对美元独霸的挑战；发动利比亚等战争是为了向欧洲输入难民从而在欧盟国家内部制造矛盾；支持英国脱欧是为了削弱欧盟，使得欧盟从原先的三大支柱英法德减至法德两国；并利用法德之间的矛盾制造它们之间的争端，进一步分裂欧盟。一个分裂的欧盟显然是美国利益最大化的需求：既能有效控制欧盟，又不必因防范欧盟做大而费时费力。

而欧盟内部的问题也是一大堆，各有各的想法，英国脱欧了，苏格兰开始了脱英，加泰罗尼亚想脱离西班牙，很多欧洲的国家内部并不团结。

相比之下，中国则团结多了，从古代各省之间就互相调拨粮食来应对自然灾害，现在比古代更团结，平时看不出来，一旦有事全国一条心。比如 2008 年汶川地震时，一方有难，八方支援。比如 2020 年期间的疫情，全国上上下下团结一致，那不是别的国家可以做到的。

美国追求的是独霸世界，不容许有挑战者。一旦有挑战者出现就开始各种打压：先是苏联，后是日本，再是欧盟，不分是对手还是盟友。

大家都知道了，它的下一个目标就是：中国！

③西方人素质高。这绝对是一个摆乌龙的事件，不可否认，在文化

教育等方面，我们目前还达不到西方发达国家的水平。但也不必妄自菲薄。中华民族上下五千年的文化，就是我们最好的精神食粮。儒家思想中的"礼义仁智信、温良恭俭让、忠孝廉耻勇"的价值观，怎么会培育不出高素质的人群？

随着全民受教育水平的大量改善和提升，随着更加重视国学教育和中华文化自信的提升，中国人的整体素质必将得到很大提高。中国社会实行的是大众化的教育，我们接受一样的教育。也许就有些人眼中的"素质"而言，比不上西方社会因"精英教育"而产出的精英阶层，但中国的普惠性教育培养出来的大多数民众的素质远比西方社会接受"快乐教育"的普通大众好。它们所谓的"快乐教育"，实质上是一种分层教育，说极端一点是"娱民教育"，事实上是"愚民教育"。这些普通大众学到的东西很少，课业负担很轻，所以很"快乐"，但其结果就是，无论在文化素质还是道德素质方面都很差，这方面中国的教育远胜它们。

另外，西方世界坐吃山空的大有人在，普遍懒惰，这跟勤劳的中国人民怎么能比呢？勤劳作为一个人的基本素质，中国人还是高出一筹。

2020 年春节期间暴发的新冠疫情，中国人能够为了整个社会的安全，"封城"待在家里两个月，这样的集体素质哪个西方国家的国民能够比拟？这种内心深处的高端素质岂是表面上的所谓素质能够比拟的？表面的文明礼貌素质是可以改变提升的；内心深处的责任担当素质，没有优良的悠久文明熏陶怎么可能实现！

④西方社会重视契约精神。一般认为，契约精神是跟市场经济密切相关的。因此就有了所谓的西方人重视契约和法制，东方社会人情太多，

因此就有了"法不外乎人情"的说法，也就有了东方社会不太重视法制的看法。其实，我们肯定西方社会对契约和法制精神的追求，也不必对我们目前的法制发展耿耿于怀。我们的法制随着整个社会的实践在不断地修改和完善，因为并没有什么西方社会的法制可以直接搬到我们这儿直接使用，每个国家的发展阶段和社会文化是不同的，法律也应该有所差别。所谓"法不外乎人情"其实是被很多人误解了，以为是法律敌不过人情世故。

　　对"法不外乎人情"的正确理解是，无论法律怎么制定，那也是基于人类社会基本的情感诉求而来的，因此，法律是人类社会人类行为的底线，是一条"法无禁止则可为"的界线。所有的这些界线，一定是基于人类情感诉求而来的，因此"法不外乎人情"不可理解为因为社会生活中人情世故的存在，而对法律产生可有可无的虚妄，从而轻视法制社会的建设。

　　从某些方面看，西方社会重视契约和法律，但很多时候到了玩弄法律条文、钻法律空子的地步。有调查指出，美国社会律师的费用在2015 年前后已经占有 GDP 的 6% 以上，那是国民经济中的大产业，每年超过 1 万亿美元！如果你对这个数据还没有特别的感觉，可对比美军一年的军费 7000 多亿美元，你觉得怎样？1 万多亿美元相当于半个法国或半个英国的 GDP，也与韩国的 GDP 差不多！意思就是说，美国人特别爱打官司，动不动就打，律师就大派用场了。难怪美国历届 43 位总统中有 26 位是律师出身。出身律师的各种高官就数不胜数了。

　　表面上看，打官司是讨回公道最好的途径，但律师费用昂贵并非普通人能够承受。西方社会的有钱人、富人就特别善于雇用好的律师团队来逃脱法律制裁，导致法律表面看起来很公平，实际上却沦为富人的工具。

如果上升到国家层面来说法律问题，那么，美国前总统特朗普先生，能说他是一个有契约精神的总统吗？显然不能。各种国际条约和协定，对他有利的就遵守，对他不利的就威胁要退出条约和协定，有的干脆就直接退出了。这是契约精神吗？

⑤西方社会讲法律不讲关系。这可能是一个错误的理解，我们常说的"物以类聚，人以群分"的道理在西方社会一样存在。尤其是它们的社会上层，是各种圈子的关系。它们的社会分层更加明显，申请大学和找工作如果有人推荐的话，成功率就会大大增加。从政则更需要关系，美国有很多世代从政的家族，比如亚当斯家族、罗斯福家族、肯尼迪家族、布什家族等美国政坛的四大家族，诞生了美国大量的政治家、总统和议员，影响了美国百年历史。

我们不要看美国社会选举怎样的公开透明，能够参与选举参议员和众议员的，也就是那些富豪家族的事情，即使有一些看起来是平民出身的人参与，其背后也是由那些富豪支持的。看看屡创新高的，天文数字般的美国选举花费，普通的人怎么可能参与其中呢！

对于大部分普通百姓而言，美国社会也是讲关系的。不过美国讲得比较好听，叫作社交网络（Social-Networking）。本质上来讲，美国的社会关系和中国的社会关系没有区别。但是由于美国是比较发达的社会，规则相对完善。所以在美国，讲关系的主要内容是利益的交换。中国则不太一样，还有一定的讲老乡情面之类的情况出现，这个跟东西方的文化背景有关。中国社会是以家庭、家族为基本结构的社会，因此很多事情会涉及上下尊卑和家族关系的问题，人情之间的来往不一定有那么多显性的利益关系在里头，有时候情面或面子是关系的主要部分。像长幼关系、兄弟关系、姻亲关系、邻里关系、同学关系、战友关系、同乡关系等，成为中国社会人情关系的主要部分，也成为常常被人诟病的"后门"。

⑥西方世界"自由、安全、稳定、富有"。有数据表明，中国社会是世界上最安全的社会之一。2015 年，美国每 10 万人，命案发案率是 4.88%，法国 1.58%，瑞士 0.69%，德国 0.85%。有统计显示，中国每年刑事案件死亡数 7 万，而美国达到 40 万，发案率比中国高 5 倍多。

当人们谈到巴黎、纽约、洛杉矶、伦敦等西方国家大城市的时候，常常会说某个城市 XX 区 XX 街晚上最好不要去等，因为这些街区不安全尤其是晚上特别不安全。

这些危险区的概念是怎么形成的呢？美国的中产阶级是住在社区里的，也就是大城市附近的小城镇。一般的平民、贫民住在市区的概率更高。即使是市区，也会分为高档的街区（如纽约曼哈顿区）和低档的街区（如纽约布鲁克林区）。越高档的社区或者街区，房产税收入越高，越低档的则收入越低，警力配置和部署与房产税收入相关（教育、医疗等资源也是一样）。所以，警力更多部署在高档社区和街区以保障有钱人的财产和生命，其他的街区就让它去乱吧，只要不整出大事就行。

近年来美国加州屡发山火且火情蔓延许久，除了因为电力公司为了节省开支而没有及时做出过期部件的更新外，与加州地区富人把房子盖到森林里有很大关系。当森林火灾发生时，这些富人要求消防部门首先保护他们房子的安全，那么势必就会给重要地方的灭火工作造成延误，使得森林火灾一直在蔓延并扩大损害面积。它的消防部门是根据财富的多少来进行先后服务的，这种原则也就是利益优先原则，公共安全变成是次要的原则了。

可见它的社会治安是一种富人的安全治安，哪里的财富多哪里的安全就更有保障，这种把社会公共安全利益化的原则，在东方社会不可能存在。既然安全是以价值来衡量的，那么所谓的自由和稳定是要大打折扣的，说明只是一种表面现象而已。没有稳定的安全的环境，财富又怎么能够有保障呢？

至于它们的社会是不是很富有，那只是片面的看法。整体上比我们富有是毋庸置疑的。但事实上，有数据表明，76%的美国人需要依赖月薪过日子，是名副其实的"月光族"；约22%的美国人储蓄不足100美元，无法应付任何紧急需要用钱的情况；更有46%的人储蓄不到800美元，在美国54%的被调查者没有储蓄计划，45%的人担心永远没有能力储蓄。

这自然跟文化有关。儒家文化圈的东亚国家喜欢储蓄，而美国人喜欢有钱就花还刷卡透支未来的钱，没有"积谷防饥"的概念。因此富裕不富裕真的很难讲得清楚。

在西方社会尤其是美国，还有一个很大的问题，那就是种族歧视。这个问题，一直被西方社会视为是政治正确的头等大事。长期以来政治家、政客，还有大部分的人都不敢公开触碰，实际上他们很多都是种族歧视者。但自从 2017 年，特朗普总统上台之后，不仅仅在美墨"隔离墙"等方面动作频频，更是一言不合就开怼，特朗普于 2019 年 7 月 14 日至 15 日连发多条推文，要求明尼苏达州民主党国会众议员伊尔汉·奥马尔为首的四位民主党女议员"回去"，回到她们的来源国。因为她们是黑人，不是纯种的美国人！根据特朗普的推特内容可以看出，本次特朗普在推特上对女议员发起抨击的主要重点为：1. 女议员们并非所谓的"纯种"美国人，而是移民或移民后裔；2. 这些女议员对以色列的敌对言论；3. 边界和移民问题。

简直就是赤裸裸的种族歧视。美国有种族歧视的传统，首先他们歧视和灭绝原先这块土地上的主人美洲原住民，后面是歧视黑人，再就是歧视各种有色人种和少数裔居民。这样的社会，难以担负"民主自由人权、安全稳定富裕"的称号。

⑦西方的一切都很现代化。所谓的现代化是一个"集大成"的过程，具体表现为"心灵、技巧、管理妙、环境好"严整多层的集成过程。随着现代化，社会各个方面都随之发生变化。核心是高度发达的工业化和人的现代化。资本主义与社会主义是现代化的两种模式，它们具有共同的基础，即工业化。

在 18—21 世纪期间，世界现代化可以分为两大阶段，第一次现代化是从农业社会向工业社会，农业经济向工业经济，农业文明向工业文明的转变；第二次现代化是从工业社会向知识社会，工业经济向知识经济，工业文明向知识文明，物质文明向生态文明的转变。当今某些学者认为，第二次现代化的过程应该称为后现代化。

　　大部分西方发达国家在 19 世纪后期就实现了工业化为基础的现代化，是第一次的现代化。中国社会的现代化应该是始于新中国成立的第一个五年计划，但中国幅员辽阔，经济社会建设经历了太多的曲折，这第一次的现代化一拖再拖，直到改革开放之后一二十年才实现了真正的工业化。第二次世界大战之后的西方社会的现代化可以理解为第二次现代化，中国的第二次现代化应该是始于 21 世纪。所以从这个角度看，西方世界比起中国的现代化要早很多，因而中国的现代化也就具有了后发优势。

　　中国社会在 20 世纪 80 代大致完成了第一次以纺织业为主导的工业革命；90 年代完成了以电力和大规模生产为代表的第二次工业革命；21 世纪初，迅速完成了以信息技术、互联网和移动互联网为代表第三次工业革命；未来将比肩世界领先水平，进入以 5G 网络、人工智能和物联网为代表的第四次工业革命。

　　所以，中国在 40 多年中完成了西方社会用两三百年完成的历次工业革命，具有后发优势，因而在紧紧抓住第三次工业革命并实现了比肩发展，在之后的第四次工业革命中将实现超越并领先的可能性是极大的。

　　从现代化的角度看，中国社会的现代化不输于西方国家，反而是西方社会在二战之后的现代化时间较早，在基础设施和城市建设方面目前比起中国来明显陈旧与落后，而这些将决定未来现代化的竞争能力。

　　而且西方社会由于长久的两极分化，产生了很多反现代化、反全球化的各种所谓的极端环保势力，给国家的治理和经济发展带来不小的障碍。而这方面中国社会提出的生态文明却是它们所办不到的。

⑧从信仰或者世界观的角度看，中国人真的没有信仰吗？

每年中国的春节那上亿的人在践行着世界上最波澜壮阔的节日大迁移，而无论你身处何方！

每到清明或冬至出门再远的游子都不会忘记给自己的祖先上香磕头扫墓，即使你身处异国他乡！

春节、元宵、清明、端午、七夕、中秋、冬至……所有这些都是我们的信仰。

我们信仰祖先、信仰家族、信仰民族和国家，"穷则独善其身，达则兼济天下"的"修身、齐家、治国、平天下"就是我们的信仰；我们信仰先贤、信仰英雄、信仰一切为国家民族做出杰出贡献的人。我们的信仰都是我们身边真实存在的，不是虚幻的神灵！所以我们的信仰才是有根有据的信仰。

我们的信仰包容性特别强，这体现在中国人的中庸思想当中，而不是简单的二元思维。我们才是真正地"我不赞同你的观点，但我坚决捍卫你说话的权利"。

中国人多多少少具有佛家的思想，原因在于佛教从南亚次大陆以大乘佛教传入中国后，迅速地被中国儒化了，最后与中国本土的儒家思想、道家思想等众多的百家思想相融合了，最后并称儒释道。

佛教思想的精髓：无缘大慈，通体大悲。既出世，也入世。入世，为了挽救众生（这里不单指人类，而指一切生命）。出世则是教一切众生，认识生命宇宙的真谛，脱离苦海，到达彼岸[1]。佛教认为世界是"没有无缘无故的因，也不会有无缘无故的果""度人就是在度己，而度己也是在度人"。"普度众生"之宁愿自己受苦也要救众生，这境界是否更具胸怀和包容性？结论是不言而喻的。

所以，不存在说中国人没有信仰的问题，大家的世界观不一样罢了。哪个更好的评判自有公论，而不能以现在的所谓先进与暂时的落后为标准！

国人对西方世界的误解，那也是正常的事情，毕竟我们现在还在发展阶段。西方的各种选择性宣传还是相当有吸引力的，所以，有些国人对西方所谓的"民主自由人权"有所向往而对国内多有微词和疑问也是正常的。

每一个国家、每一个社会都有各自的问题，对问题进行合适的问询是很正常的。但我们在问询每一个问题的时候，我们自己有没有做好自己，才是问题的根本。我们每一个人都做好了自己，那么我们这个国家和社会就会更好一些。外国的财富再多那也是别人的财富。抱怨得不来任何实质性的东西，努力才是我们实现自己目标的根本途径。

---

1 彼岸：没有苦难、疾病、战争、贫富差别、不生不死、无所不知、无所不能的佛的境界即四谛：苦、集、灭、道。

团结的力量：中国抗疫，靠的是什么？

因为有了中国特色的社会主义制度，有了中华民族守望相助的优良传统，有了一方有难，八方支援的文化基因，有了命运与共、休戚相关的民本主义精神。在历次的抗灾救险中，比如 1998 年特大洪水、2002 年的 SARS 事件、2008 年的汶川地震救灾和灾后重建、2010 年玉树地震……再比如，2020 年春节开始暴发的新冠肺炎抗疫，无不体现出中国制度和文化的优越性，无不体现出民本主义的发展观和义利观。

那么，中国的抗疫，靠的是什么？

我们应该首先明白抗疫由两大部分构成，首先是防控，其次是治疗。

防控靠什么？主要还是靠中华文明熏陶下的全民族自觉与自律。这两者缺一不可。依靠自上而下的部署与执行，由各级政府进行全民动员，以民为本，宁愿牺牲一定时间内的经济发展也要最大限度地控制疫情传播的范围，从新冠肺炎的传染源头上进行最高级别的防控。

同时，中国百姓在这些防控新冠疫情的全民总动员中，表现出的自律和不添乱的中华文明背后的守望相助精神，当是中国当代风貌最彻底的体现。一个 14 亿人口的国家整整断绝社交关系大约两个月，而且是春节期间，亲友往来最为密切的一段时间内，这是何等崇高的民族精神！不能给别人找麻烦，不能给社会添乱子。

在这场全民参与的防疫之人民战争中，大数据、云计算、5G 等最新的科技成就都成为重要工具；网购与物流配送的发达，使得"禁足"在家的人们无须担心外出购物带来的麻烦，为减少疫情传播起到了重要的作用。国家各种医疗物质的储备和生产，在度过最初十来天的供应不足之后，迅速恢复了保障能力，为整个社会安全和民心稳定起到了重要的作用。可以说，政府发挥了西方认为的"集权"优势，从上而下贯彻到底不留死角；民众在生活无忧的前提下自觉自律地执行了非常时期"禁足"的各项规定。

再说治疗。把传染源限制在一定区域内之后，救治成为关键。传染源切断了，意味着数量是可控的，当然限制区域内的湖北尤其是武汉，做出了重大牺牲。也正因为整个湖北尤其是武汉的牺牲，才赢得了全国其他区域疫情的相对较轻。所以，集中了全中国各地的资源去支援湖北支援武汉。

我们知道，这个疾病的传染性很强，但可治愈率也很高。武汉之所以刚开始的时候死亡率较高，那是因为短时间迅速暴发的疾病带来急剧增长的病患，挤爆了医院的病床，很多人来不及救治，就会出现轻症转重症，重症转危重，最终不可逆转地造成了死亡。这也是火神山、雷神山以及数十个方舱医院迅速投入的根本原因。就是要做到"宁可床等人，不能人等床"。全国各省和解放军各战区都派出精干的医疗队支援湖北各地，前后全国有超过 4 万的医务人员逆行湖北逆行武汉，谱写出新时代最壮丽的白衣战士救死扶伤的伟大壮举。我们还要记住，在这群浩浩荡荡的逆行者中，有无数的志愿者奉献出令常人难以企及的勤奋劳动。必须对他们和白衣战士道上千声万声的"谢谢"和"你们辛苦了"。

如果没有全国一盘棋的落实执行，如果没有中国人民骨子里的集体主义、中华文明里守望相助的精神，如果没有责任到位的支援体系与制度，怎么可能在短短的两个多月时间里，从 2020 年春节前一天（1 月 23 日）武汉的封城开始，到了 2020 年 4 月初，中国在这次全球性的抗疫斗争中取得阶段性的胜利，国内的疫情基本上控制住了。现在面对的主要疫病风险是从境外流入的，防控外来输入成为现在最重要的任务。而这个时期，无论是西欧还是北欧、北美还是南美、西亚还是非洲，正是疫情暴发的高点时刻。

再从治愈率和死亡率看，除了欧洲的德国表现出很高的治愈率和很低的死亡率外，西欧的主要国家如意大利、西班牙、法国和英国等截至 2020 年 4 月 17 日的死亡率都超过了 10%，远远高于中国大约 5.5% 的死亡率（中国湖北大约 6.6%，其他的地方平均约 0.16%）。

在这场被有些学者称之为第三次世界大战的抗疫斗争中，毫无疑问，中国取得了最好的成绩，虽然接下来的对外防控还有艰巨的任务要去完成。短短的两个月时间，所有的冷嘲热讽都成为明日黄花，所有成绩的取得都离不开自觉自律的中国人民和自上而下的中国政府强大的防控执行力与支援到位力；都离不开传统中医和现代西医的共同参与救治；都离不开 5G 和大数据等最新的科技的参与；都离不开方便的网购和发达便利的物流配送系统。

回顾整个中国国内的抗疫过程，再与欧美国家抗疫过程进行比较，不难发现这样的规律：防控，依靠中央集权制的效率和全体国民的自律而取胜；治疗，依靠中医和西医的全面全程参与而大幅度降低死亡率。

众多欧美主要的资本主义国家，信奉个人主义的自由价值观，虽然科技和西医医疗水平毫无疑问要比中国发达，但面对如此规模的瘟疫，其国民多表现出自私、放任，政府则暴露出防治瘟疫的低能。有的政府甚至放弃对瘟疫的积极防控和治疗，遵循社会达尔文主义的自然选择，这些缺乏人性的现象都在彰显着中国和中华文明的伟大，一再打脸西方所谓的"人权"只是有钱人的人权罢了。

这次抗疫中表现出来的民族自觉和自律，应该是中国社会经历40多年快速发展后，整个社会浮躁背后最有价值的注解。中华传统文化的伟大精神力量和中医文化遗产，在其中发挥了重要的作用。

这是一次检验制度优越性和文化韧性的大考，中华民族以万众一心的民族自觉，白衣战士以逆行而上的英雄气概，各级政府以责任担当的敢于作为，全面践行了以人为本的社会发展理念。

中国人，你要自信

为什么要强调自信呢？

首先，有了自信才能使得他信，有了他信才能构建公信，才能构建人与人之间、团体与团体之间、地区与地区之间以及国家与国家之间的相互信任。很难相信，对自己都不自信的人，能够取得他人的信任，从而构建相互之间平等的伙伴关系！

当然，自信不是盲目的。盲目的自信那是自满和自大，最终将被现

实所打碎。复旦大学中国研究院院长张维为教授的一档电视节目，叫作
《这就是中国》[1]，其主题词就是"中国人，你要自信"。因为，中国
人的自信，来自中国悠久的文化历史，来自不懈努力的奋斗精神，来自
社会体制的优越动员，来自勇于改革的变革能力……我们谈自信，就是
要谈道路自信、理论自信、制度自信和文化自信。

道路自信：有道是"条条大路通罗马"，那么国家发展的道路也
应该根据各国的具体情况和不同的阶段选择不同的道路，可能最后是
殊途同归，但选择的路径肯定是各不相同的。历史也证明了目前西方
的发达国家如美国、英国、法国……它们本来就是不同的国情之下选
择的不同发展模式和发展道路，最后归到目前的发达状态。

因此，选择一个国家发展道路的最根本标准就是：能不能给这个国
家最大多数的人民带来发展和带来福祉。如果能够带来发展也能带来福
祉，道路的选择就应该是根据不同的国情和不同的发展阶段之需要，发
展是基于现实的考量。

资本主义道路的发展经历了两三百年的历史，我们完全可以把美国
资本主义称为美国特色的资本主义，也可把英国的称为英国特色的资本
主义，其他的亦然。尽管各国的国体有形式上的不同，但其本质都是资
本控制的体制，是资本说了算的发展道路。

反观中国的社会主义道路，先是与资本主义道路有本质的不同，再

1　东方卫视全新思想政论节目《这就是中国》，张维为教授是该节目
的主嘉宾。

是与同为社会主义的苏联有着根本的不同。中国特色的社会主义概念是改革开放之后提出的，是基于新中国成立了公有制为主体的国家体制基础上的。也就是说，中国特色的社会主义道路与西方资本主义道路最大的本质区别就是公有制与私有制的区别。私有制社会的国家政策由资本说了算，是"资主"社会；公有制社会的国家政策由"人民"说了算，是"民主"社会。这里的"民主"是指代表最广大人民群众利益的政党，通过广泛收集民众呼声而做出符合最广大人民群众利益的政策。而私有制社会政策的制定者是资本的持有者，是各种利益集团的代表者，其做出的政策必然符合利益集团的利益，往往忽视了最广大人民群众的利益。

而中国特色的社会主义道路之所以不同于苏联社会主义，原因在于新中国成立后30年的艰苦探索，找到了符合中国国情的发展道路，即中国特色的社会主义道路，并在短短的40多年时间里，取得了巨大的成就。而苏联的社会主义道路，在开始的30年里出于各种原因一再错失改革的机会，最终走向官僚化和僵化，并在以美国为首的西方敌对势力的软硬兼施之下走向解体。

不管选择什么道路，都不是一劳永逸的。说白了，道路是一种生产关系，而人类社会的生产力是不断发展的，因而道路也要不断地完善与修正。不断地改革开放，就是对发展道路的不断完善与修正，以实现最好的发展目标。

从发展的成果看，从发展的目标看，没有理由不自信。从对比苏联的发展，从对比目前西方社会的发展困境，从对比对西方模式东施效颦的发展中国家如印度、泰国，还有西方恶意使坏的"阿拉伯之春"变成了"阿拉伯之冬"的结果看，我们还有什么理由不自信呢！

虽然我们的国家发展中还存在一些问题，但我们深信，发展中的问题一定会在不断的发展中得到解决。

有了道路自信，跟道路相关联的理论自信和制度自信，也就相应地确立起来。一再强调的是，没有一成不变的理论和制度，没有一劳永逸的事情。一定要有与时俱进的思想，在伟大的变革中不断完善与提高理论与制度的契合度，为发展创造更加良好的理论环境与制度环境。

中共中央党校（国家行政学院）教授辛鸣认为，制度哲学的研究表明，制度并不只是表现出来的条文与规章，制度背后有文化、有价值、有精神。不同的文化根基、不同的价值导向、不同的精神追求，会塑造出不同的制度形态。正因为中国社会存在的深厚的爱国主义精神、集体主义精神，才使得集中力量办大事的制度机制有了强大而坚实的价值支撑；由于中华民族素来具有协和万邦的天下情怀、和谐和平的文化基因，才使得人类命运共同体理念有了实践形态。中国特色社会主义制度传承和发扬了这些精神、情怀、基因，并在马克思主义指导下形成了独具特色的价值取向，确保了制度优势的有效发挥。例如，在抗疫中坚持以人民为中心的发展思想，坚持全国一盘棋，各级干部切实增强必胜之心、责任之心、仁爱之心、谨慎之心；社会各界彰显出同舟共济众志成城、义无反顾奋勇前行、医者仁心大爱天下、一方有难八方支援等宝贵精神力量。中华民族中的伟大创造精神、伟大奋斗精神、伟大团结精神、伟大梦想精神更加鲜明地展现出来，汇聚成扫除疫情阴霾、共迎美好春天的强大动能。由此可见，制度背后积极向上的价值取向，是制度优势转化为治理效能的重要催化剂。

下面再来谈谈制度自信背后的文化自信。

文化自信：兴许是经历了太多的磨难、太多的彷徨，100 多年被人按在地上任意欺凌的日子太久了，中国人里的那些知识分子开始重新审视老祖宗遗留下来的文化，对祖先的文化开始持怀疑态度，因而开始了新文化运动，对传统文化进行批判。这其中对传统文化中好的部分的传承做得比较少，尤其是后来的"文化大革命"。再到了改革开放初期的 20 世纪 80 年代，各种西方的思想借着"民主科学"的大旗，席卷中国的青年知识分子，一时间否定中华传统文化的思想甚嚣尘上。把传统文化贬得一文不值，把西方的"德（民主）赛（科学）先生"捧到天上去。似乎一旦实行了"民主自由"，中国社会的发展问题就会在一瞬间得到解决，中国人民就能过上西方社会那种"幸福的生活"。

在西方话语权中，中国的一言一行都是另类。雷锋式的典型代表中华文明中良善的价值观，绝对不是西方话语权想要的。

后来苏联的解体以及俄罗斯沦为二流国家（军事仍然一流）、拉美以及东南亚、西亚北非和东欧"民主化"的发展实践证明，"民主自由"从来不是发展的起源，而正是发展的结果。而近 10 年来西方发达国家宣扬的"民主自由人权"口号，却不断深陷"民粹主义"的泥潭，这充分表明了它们所谓的"民主自由人权"，从来不是别国的"民主自由人权"，只是它们用以分化并削弱和掠夺他国的一个工具罢了。

西方基于"民主自由人权"的价值观，体现在其背后的就是西方基督教文化里的二元思维，借用中国古语所说，西方资本持有者是秉持着

"非我族类，其心必异"的文化思维，从而形成了西方至上的文化。简单说，西方至上的文化就是它们要高人一等，要比黄种人、黑种人以及棕色人种高出一等。伴随着人种的优劣划分，西方思维中世界的发展以西方为中心，产业链的顶端在西方，发展的利益大头在西方……一切有利的地方及其源头都在西方。于是，一旦发现非西方"侵扰"到它们的利益范畴，就开始"二元化"地排斥，开始制裁、开始围堵、开始干涉！

说白了，这种文化就是基于动物世界的丛林文化，就是强盗逻辑的"胜者为王，败者为寇"的江湖文化，就是缺乏包容性的文化，显然与这个多样性的世界发展格格不入。

而中华文化，之所以能够绵延五千年，从百国之争发展到百国之和，如果不具备包容性，那么五千年前的文字和典籍也不能流传至今，"修身、齐家、治国、平天下"的理念更不会源远流长。

正是文化的包容性，才造就了今天的中国。拿来主义是必须的，我们应该看到别人的优秀一面，革除自己文化中的糟粕，那么我们这样具有包容性的文化，这样有合作精神的文化，还有什么必要不自信呢！

第五章 改革在路上

中国特色社会主义改革在路上

回顾新中国成立以来的历程，尽管曲折但也一直在向前迈进，尤其是改革开放以来取得巨大的经济社会建设的进步，达成了比任何时候都更接近中华民族的伟大复兴。这个过程中，因为一直秉承着中国社会最深层次的哲学思想——实事求是思想的指引，具体问题具体分析地解决各个时期所遇到的经济社会建设问题。就整个国家经济社会建设过程中的主导体制而言，中国特色社会主义经历了以下四个阶段，呈现出阶段性和渐进性的特征。

1. 1949—1978 年，实行国家主导的计划经济。

新中国诞生之初，中国经济的基本特点被概括为一穷二白，人均收入水平低，温饱问题严峻，经济结构落后，基本上没有现代工业。因此，加快经济发展、建立独立的现代工业体系与国民经济体系是新中国的首要目标。

这个阶段最主要的特征，是在保障国家安全的前提下发展经济社会的各个方面。因此，朝鲜战争的爆发以及随后遭到西方国家的全面封锁，新中国选择学习以苏联为首的社会主义，实行国家主导下的计划经济。但好景不长，依附于苏联而发展的经济社会建设持续了不到 10 年，就随着中苏关系的全面破裂，不得不走上了同时面对两大霸权国家——苏联和美国威胁的道路，那就是独立自主、自力更生的发展道路，整个国家的建设曲曲折折、艰难困苦。进入 20 世纪 70 年代，冷战的一方美国为了分化和瓦解社会主义阵营，开始放松对中国的封锁。中国利用这一契机开始两次利用西方的外资发展经济，从此走上了中国特色社会主义的改革开放道路。

2. 1979—1991 年，实行有计划的商品经济。

所谓的有计划的商品经济，指的是在生产资料公有制基础上对商品生产和交换进行计划调节的社会主义经济体制。我们都很清楚，虽然经过了 30 年的新中国建设，奠定了一定的工业基础，但到了 20 世纪 80 年代初，中国经济社会的发展从纵向对比看，跟西方资本主义国家相对比，相差不是一星半点儿。这从时任国务院副总理谷牧同志带领的西欧五国考察之行回来后提交的总结就可以看出，相差太大了。因此，在一个公有制基础上，各种生产要素除了劳动力数量有优势外，其他的生产要素都是极其短缺的情况下，如果一下子放开而不进行一定程度的计划，那么必然造成严重的供不应求，结果就是物价无法控制，整个社会将会因为思想准备不足和事实上的物资短缺而陷入混乱，那就无法开展有序的改革。因此，有计划的商品经济之制度设计，是一个阶段性正确的符合历史阶段社会发展的制度。

由此，中国开始走上对外开放发展的道路，开始了对市场经济的认知，并逐渐掌握了基于市场经济理论下的经济建设实践。开始了大力发展外贸以创造就业和争取外汇，大力引进外资以弥补国内资金不足并发展现代工业，推动出口发展是这一阶段中国对外经济关系的主要特征。这个阶段最大的亮点是异军突起的乡镇企业，在最广大的区域里，开始了中国真正意义上的第一次工业革命，为中国经济社会的后续发展奠定了基础。这一次的工业革命可以理解为有根的工业革命。

为什么说中国的工业革命是有根的工业革命呢？

从严格意义上说，中国社会没有无产者！因为新中国成立之后，中国实行了城市土地国有制与农村土地集体所有制，实行了生产资料公有制为基础的社会制度。在城市里，市民有自己的房子（公屋，虽然是租赁的，但是永久性的，后来进行了房改。还有很多棚户区，也进行了棚改和旧改等）。在乡村，农民家庭都有自己的住房（宅基地基础上盖的各种房子），还有田地和林地等。因此，改革开放之后迎来的 20 世纪 80 年代，唤醒了千千万万的中国乡村劳动力，就近进入了蓬勃发展的乡镇企业。这些乡镇企业的职工，就是中国的新时代产业工人。开始的时候，他们是从事一种类似于增加收入的"副业"，他们在老家都还有田地和山林，农忙时节还能回去种地或收割。所以他们不是无产阶级，而是拥有土地使用权与就业分离的产业工人——离乡不离土的小资产者，如果我们把中国农村集体土地使用权（经营权）看作是一种资产，这些没有后顾之忧的来自广大乡村的中国小资产者，成了中国改革开放后最强大的劳动大军，各种基础设施建设的现场、各种高楼大厦的施工现场、各种城市最基础的绿化环卫等工作现场都依赖于广大的"农民工"（包括从乡村学校考进大学在城里工作的白领），他们的住宅在乡村，田地林地在乡村，因而他们的"根"在乡村。看看每年数以亿计人口的春运流动，就知道乡村的"根"对所有人来说，是多么重要。

因为有"根"就没有后顾之忧，那么他们所迸发出来的力量就十分强大：多赚钱，回家盖房子，供孩子读书出人头地。于是，勤奋成为中国劳动者最显著的特征，无论他是一名建筑工地的工人，还是一个纺织厂流水线上的一名女工；也无论她是一个写字楼里面的白领，还是街头开一家小餐饮的老板……几乎所有的人都是有着赚钱回家"盖房子""供小孩读书"的良好愿望，兴许还夹杂着光宗耀祖的念想。"艰苦奋斗""任劳任怨""勤劳致富""和气生财"就是他们最真实的写照。这种强大的驱动力，是中国改革开放取得巨大成就的源泉与保障，也是中国社会稳定发展的重要支撑面。

3. 1992—2001 年，实行市场为主计划为辅的社会主义市场经济体制。

在中国开始改革开放的前 10 年里，打开大门的中国对外界事物感到很新鲜，外界的各种思潮也大量涌进了国门，无论是政治的、经济的还是社会的、艺术的。其间最有名的就是兴起于西方的新自由主义。进入中国的是后来被批判的"资产阶级自由化"思潮，这些思潮夹杂着各种与中国传统文化和社会主义格格不入的东西，其事实上就是西方要消灭社会主义的"和平演变"。伴随着各种西方新自由主义思想的经济理论和做法，诸如"华盛顿共识""休克疗法""结构调整"等，后来的事实证明了"华盛顿共识"在拉美等地的失败、"休克疗法"在苏东国家的失败以及"结构调整"在非洲的失败[1]。反过来说，这些都是西方对不同区域的胜利，让其能够更加便利地控制其他区域，从而实现新时代下的经济殖民。

天佑中华，虽然中国在 20 世纪 80 年代后期有过类似的尝试，都被智慧的中国人识破了西方"和平演变"的阴谋，并将整个国家的发展带上了正确的道路，而不是走向"改弦易辙"的邪路上去。

尽管如此，我们也正视了自身的问题。改革不能停滞，开放也不能关闭。就像邓小平在 1992 年初在南方讲话之后发表的"计划多一点还是市场多一点，不是社会主义和资本主义的本质区别。计划经济不等于社会主义，资本主义也有计划；市场经济不等于资本主义，社会主义也有市场。计划和市场都是经济手段"那样，中国人以自己特有的"实事求是"哲学思想为指引，开始了更多市场经济的实践：在宏观上，"五年规划"仍然是国家经济社会建设的最重要指引；在微观上，各种资源和要素的配置，最大限度地让市场成为主导力量，以实现公平前提下的

---

1 对上述相应地区的民众希望变革能够改善生活来说是失败的。但对西方自由主义者而言是胜利：因为搞乱这些地方的社会政治与经济，就是他们的本心——其他地方都发展好了，他们还怎么能够继续奴役他人而获利呢？西方新自由主义就是彻头彻尾的社会达尔文主义。

效率优先。这期间，先后开启了股市、期市和房市等，从而推进了中国特色社会主义市场经济体制的逐步建设与尝试。

1993 年 11 月，中国共产党十四届三中全会通过了《中共中央关于建立社会主义市场经济体制若干问题的决定》，成为中国建立社会主义市场经济体制的总体规划。建立社会主义市场经济体制，就是要使市场在国家宏观调控下对资源配置起基础性作用。1997 年，中共十五大提出了关于所有制结构和公有制实现形式的理论。在所有制结构上，确立了公有制为主体、多种所有制经济共同发展的社会主义初级阶段基本经济制度；提出了公有制经济不仅包括国有经济和集体经济，还包括混合所有制经济中的国有成分和集体成分。

4. 2002—2012 年，实行中国特色社会主义市场经济，不断解决经济改革开放中的问题。

进入新世纪，中国面对的外部发展环境也发生了惊天动地的变化。中国于 2001 年 12 月 11 日加入了世贸组织 WTO，结束了自 1986 年开始的谈判，标志着中国的对外开放进入一个新的阶段。中国大量利用外部市场，逐渐融入全球化，从而涉及国内诸多领域的体制改革，特别是经济管理体制要适应对外开放的要求。因此，加入 WTO 标志着对外开放从市场准入上升到体制接轨，世界的发展把中国的对外开放推上了一个新的高度。

加入 WTO 深刻改变了中国与世界经济联系的内涵。大幅降低关税使中国进口市场向开放跨出了一大步，市场准入的扩大使更大规模的外资进入中国，最惠国待遇的获得使中国产品得以参与公平竞争并能更便捷地进入世界各国，承诺的国内体制改革与法律修订使中国经济在市场化道路上特别是采用国际通行的市场规则上向前迈了一大步。不仅传统产业进一步转移到中国，而且在制造领域的许多新产品生产上，中国被纳入全球价值链分工，但大部分为利用廉价劳动力的低端环节。中国逐渐成了世界生产大国，被称为"世界工厂"。随着经济的高速发展，中国开始向世界各国投资，特别是资源开发产业的投资，中国与世界经济的联系进一步深化。2008 年世界金融危机过后，中国率先摆脱了国际金融危机的影响，于 2010 年超越日本成为世界第二大经济体，并在制造业领域超越美国成为第一制造业大国。中国与世界经济的关系发生历史性变化，成为世界经济增长的最主要贡献者。

5.2012 年，中共十八大之后，中国特色社会主义进入新时代。

从 2012 年开始，中国社会进入了一个转型与变革的新时代。过去 30 年的高速增长，是基于人口红利、制度变革和全球化等因素共同推动的。随着劳动力成本的不断提升、以能源为主的原材料价格上涨以及欧美普遍的衰退造成的出口困难，中国企业"低成本经营时代"宣告结束。高速发展的同时，也带来了诸如环境污染、贫富差距、输入型经济危机等负面因素。面对这样的外部环境和内部矛盾，中国做出了中国特色社会主义进入新时代的判断，并基于此进行国家治理能力的提高与改革开放的进一步深入。

这一阶段在延续了上一阶段中国对世界经济推动作用的同时，突出表现为以"一带一路"建设为重点的深度联系。"一带一路"建设是中国倡导的与世界发展中国家共同发展的新合作机制，通过基础设施和工业园区建设，帮助发展中国家走上发展道路，并形成中国与这些国家更广泛的贸易投资关系。在这一阶段，自由贸易试验区探索了负面清单加准入前国民待遇的市场开放模式，并推广成为全国的开放模式。通过国内自由贸易区试验以开放倒逼改革，国家努力使国内体制与全球化趋势更相适应。

如果说对外开放前 30 多年中国主要是把握国际机遇，利用国际环境的话，那么进入新时代则同时也在一定意义上参与了营造国际环境，营造有利于世界发展中国家更好发展的环境。这就是"一带一路"建设的特殊意义。

中国经济进入中国特色社会主义新时代，也意味着中国经济进入了新常态。在清华大学魏杰教授看来，新常态表现在五个方面与过去不同[1]：

①经济增长速度不同了，从高速增长转向中高速增长。

②经济结构组成不同了，从传统产业转向新兴产业了。

③经济体制作用不同了，从政府主导转向市场主导了。

④经济增长方式不同了，从靠大投入转向创新推动了。

⑤对外开放战略不同了，从吸引投资转向对外投资了。

40 多年的改革开放，中国社会从一个封闭的落后的农业大国，逐渐建设成为世界第二大经济体、第一制造业大国、第一大贸易国……所

1　魏杰."十三五"与中国经济新常态.北京：企业管理出版社，2016.

有这些成就的取得，都跟中国共产党和中国人民镌刻于心的"实事求是"之哲学思想指导下循序渐进的改革举措紧密相关。先易后难，先农村后城市，先沿海再沿边沿江和内地。改革开放的步骤以我为主，时刻关注国际形势的变化，适时地推进制度变革。与时俱进地推动民生建设，把改革开放事业和中华民族的伟大复兴紧密结合起来。在这个过程中，中国经济逐渐摆脱了计划经济时代的僵化，但从未对"五年规划"的纲领有过动摇。在不断适应外部市场经济的过程中，不断强调"五年规划"的重要性；在与时俱进地适应外部环境的过程中，不断创造出中国标准和中国速度；在坚持宏观调控的基础上，让市场逐渐成为经济中资源配置的主导力量。

在肯定并践行市场成为经济运行中资源配置主导力量的同时，坚决杜绝资本成为资源配置的主导力量。因为在西方资本主义社会，表面上似乎高举着市场是资源配置的主导力量，其实背后就是资本的力量，市场只是资本利益集团拿来说事的工具罢了。各种资本利益集团的游说力量和选择背后的资本力量，本质上控制着整个国家进行运行的方针和政策，市场只不过是他们拿来说事的那个"夜壶"。

因此，在中国特色社会主义建设的过程中，强调市场作为配置资源的主导力量的同时，绝对不能让资本力量成为市场背后的那只"看不见的手"。因此，政府的宏观调控就是要斩断隐藏在市场背后的那只资本的手。历史上无数次市场失灵的经济挫折，无不是资本控制下的拙劣作品。政府的宏观调控、媒体的公开监督以及法治的全面落实，就是要成为市场失灵的"刹车片"。在经济发展处于爬坡阶段，也许"刹车片"

并不显得那么重要；而当经济发展出于各种原因不得不下坡的时候，缺乏宏观调控的经济运行，跟下坡时挂在空挡上滑行是一样的，"刹车片"完全失灵，经济的衰退和萧条就变得不可避免。如果这个时候，宏观调控等"刹车片"完备，适当的刹车能够最大限度地减少衰退的时间、最快地走出衰退和萧条。

中国道路一句话简述

1. 中国道路的哲学思想：实事求是地根据中国的具体情况，循序渐进地推进各项改革。

2. 中国道路的民主政治：实行中国共产党领导和各个民主党派参政议政的民主尚贤制度。

3. 中国道路的经济步骤：以"五年规划"为纲领、先易后难、先部分后整体实现共同富裕。

4. 中国道路的社会目标：以民为本地推进精准扶贫和污染防治，做到各民族和谐相处。

5. 中国道路的文化方向：发扬中华文明的优良传统兼收并蓄，吸收其他文明的优秀文化。